JN297284

ゴーマニズム宣言
PREMIUM

修身論

小林よしのり

マガジンハウス

ゴーマニズム宣言
PREMIUM

修身論

目次

【カバー撮影】
篠山紀信

【撮影協力】
銀座もとじ

【ブックデザイン】
鈴木成一デザイン室

Introduction

ゴーマニズム宣言
PREMIUM
修身論

修身論――今こそ必要な、現代版「修身」

わしの小学生の頃はもうなかったが、戦前は「修身」という教科があった。

わしの父母の会話の中に「修身」という言葉が何度も出てきていた。

昔はそういうものがあったのかと思った。

だが教室の隅に、本箱が置いてあって、桃太郎や浦島太郎の絵本と共に、偉人伝も置いてあった。

そういえば神話の一説である因幡の白ウサギの絵本もあった。

その中に、ジョージ・ワシントンの話もあった。

これは戦前の「修身」の教科書にもあったらしい。

尋常小學修身書
兒童用
巻一
文部省

しょうじき

ワシントンはにわへあそびに出て父のだいじにしていたさくらの木を切りたおしました。

「これはだれが切った。」と父にたずねられた時、

「私が切りました。」と、かくさずに答えてわびました。

父はワシントンのしょうじきなことをよろこびました。

これはワシントンの六さいの時のことでありました。

悪いことしたらごまかさずに正直にあやまれと、子供に諭している。

この感覚が現代に通用するかどうかはわからない。

こんな素朴なエピソードで「なるほど。正直になろう。」と子供が思ってくれるかどうか？

この情報過多の時代に育つ子供は、「正直であれ」という基本くらい、4～5歳で学び、小学生になる頃はもう大人がウソばっかりついているということくらい、気付いているかもしれない。

小学校の段階では、こんな素朴な話では通用しないのではなかろうか？

MEGADETH
しかも日本においては正直にあやまるのが美徳でも、外国ではそうはいかない。先にあやまった方が、「損害賠償させられる」「成文法」絶対の社会が多いからだ。

――安易にあやまってはいけないというのが常識になっている国もある。

中国や、韓国が、「日本の過去の行為は侵略だったのだから謝罪しろ」と言ってきたとき、ワシントンのエピソードを持ち出して良いか？

むしろ「過去の日本は全面的に悪」だとする左翼の人々が、「悪いことをしたときは素直にあやまりなさいと習わなかったのか!?」と言い出す始末じゃないか！

その場合、「修身」復活を唱える保守派の方が困るだろう。

けんそん

吉《よし》田《だ》松《しょう》陰《いん》に久《く》坂《さか》玄《げん》瑞《すい》と高《たか》杉《すぎ》晋《しん》作《さく》という
二人のすぐれたでしがありました。
玄瑞はつねに晋作をほめて、
「高杉君はえらい人だ。
じぶんはおよばない。」と言い、
晋作もまた、「久坂君はりっぱな人だ。
じぶんはおよばない。」と言って
玄瑞をほめました。
松陰は二人がたがいに
けんそんしてほめ合っているのを
きいて、大そうよろこびました。

現在のわしの感覚ではこの「けんそん」を教える話も「気色悪い」と思ってしまう。

相当わしはひねくれてしまったようだ。

我が「よしりん企画」で…

チーフは本当に絵がうまくて後輩の面倒見もいい!

あっはっはっはっ
カレーライス
いやいや、ポカQこそ絵がうまくてとてもかなわない。先輩思いだしね。

…なんて話してるのをわしが見たら激怒するだろう。

いえええ～～い、やめんかーーーっ!

何を企んどるんじゃい、タヌキの化かし合いかーーーっ!!

日本の保守派と言われる人々の間では、「修身の復活を」と安易に言う人が多い。

それに対して、日本の左翼やリベラルな傾向の人々は、「日本を戦前の軍国主義の時代に戻すつもりか!」と批判する。

尋常小學修身書
文部省
「個性の時代」「自由の時代」というリベラルな人々からは、「修身」どころか「道徳」だって評判が悪い。

道徳
保守派は単に左翼・リベラルに反対すればいいと思ってる者が多いが、わしはどっちもどっちだなあと思う。

だって、ひどい話もあるんだよ、「修身」の中には。

人のめいよを重んぜよ

このわかものは、
人のわるくちをいうことをこのみ、
よい人にも、いろいろのあだ名を
つけて、あざけりました。
それがため、村の人に、にくまれ、
とうとう、その村にすんでおる
ことができんようになりました。
人をわるくいえば、
人からにくまれます。
すべて、人のめいよを
きずつけるようなことを
してはなりません。

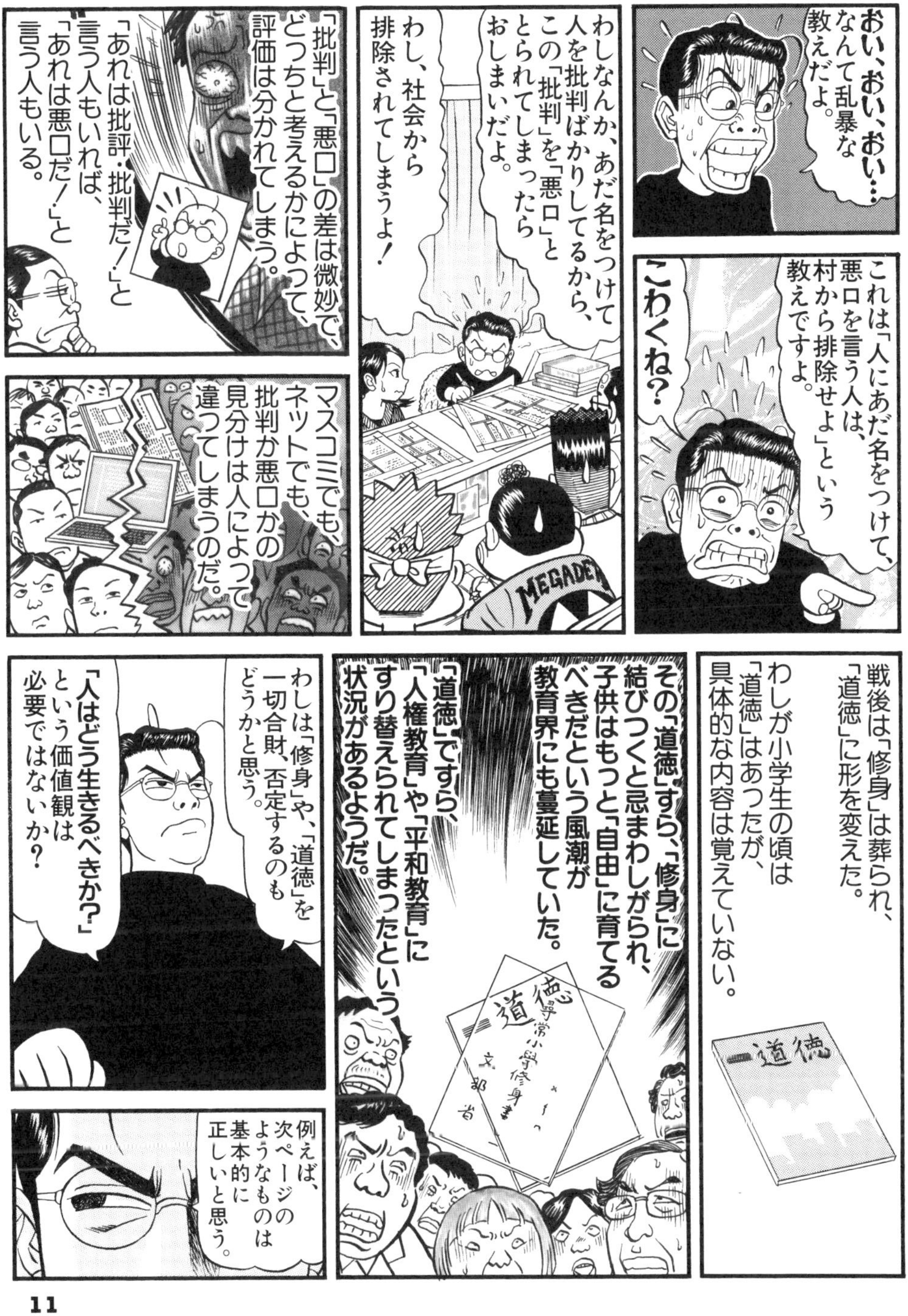
おい、おい、おい…

なんて乱暴な教えだよ。

これは「人にあだ名をつけて、悪口を言う人は、村から排除せよ」という教えですよ。

こわくね？

わしなんか、あだ名をつけて人を批判ばかりしてるから、この「批判」を「悪口」ととられてしまったらおしまいだよ。

わし、社会から排除されてしまうよ！

「批判」と「悪口」の差は微妙で、どっちと考えるかによって、評価は分かれてしまう。

「あれは批評・批判だ！」と言う人もいれば、「あれは悪口だ！」と言う人もいる。

マスコミでも、ネットでも、批判か悪口かの見分けは人によって違ってしまうのだ。

MEGADETH
戦後は「修身」は葬られ、「道徳」に形を変えた。

わしが小学生の頃は「道徳」はあったが、具体的な内容は覚えていない。

道徳
その「道徳」すら、「修身」に結びつくと忌まわしがられ、子供はもっと「自由」に育てるべきだという風潮が教育界にも蔓延していた。

「道徳」ですら、「人権教育」や「平和教育」にすり替えられてしまったという状況があるようだ。

道徳
尋常小學修身書
文部省
わしは「修身」や、「道徳」を一切合財、否定するのもどうかと思う。

「人はどう生きるべきか？」という価値観は必要ではないか？

例えば、次ページのようなものは基本的に正しいと思う。

礼儀

人は礼儀を守らなければなりません。
礼儀を守らなければ、世に立ち
人に交わることが出来ません。
人に対しては、ことばづかいをていねいに
しなければなりません。
人の前であくびをしたり、人と耳こすり(※耳打ち)したり、
目くばせしたりするような不行儀をしてはなりません。
人におくる手紙には、ていねいなことばをつかい、
人から手紙を受けて返事のいる時は、
すぐに返事をしなければなりません。
又人にあてた手紙を、ゆるしを受けずに
開いて見たり、人が手紙を書いて居るのを、
のぞいたりしてはなりません。
その外、人の話を立ちぎきするのも、
人の家をすきみするのもよくないことです。
人としたしくなると何事もぞんざいになりやすいが、
したしい中でも礼儀を守らなければ、
長く仲よくつきあうことは出来ません。
シタシキナカニモ礼儀アリ。

これはどこも間違ってない。携帯メールの時代になっても私信をのぞき見したことで恋人や夫婦が別れるような例は頻発している。
親しき仲にも礼儀あり、は日本人の美徳ではないか。
やはり「修身」というだけで全面的に否定されてきたのは、明らかにおかしい。
修身? なにそれ?
戦前? 軍国主義?
堅苦しそ〜〜〜う!
厳しいのやだ〜〜〜っ!
自由でいいじゃ〜〜ん!
…と言いながら「自分探し」に走る現代人。
「生き方本」がベストセラーになる現代。
身の修めどころを知らぬ現代人。
道は開ける
幸福力
人生を変えよう
一体、どんな生き方をしたら、損しないの?
一体、どんな生き方をしたら、不安じゃなくなるのだろう?
一体、どんな生き方が後悔しない人生なんだ?
正しい生き方を教えてくれ!
そういう疑問や不安が日本中にうず巻いているから、「生き方本」は次々に出てくるのだ。
やらなくてもいい できなくてもいい
感情の整理」上手い人 下手な人
運命を拓く
「幸せ脳」のつくり方
人生がうまくいく3つの法則
道は開

勝間和代を教祖として、合理的生き方、損しない生き方を求める現代女性。

一方、脱力系でいいじゃんと、アンチ勝間和代でベストセラーを出す香山リカに学ぶ現代女性。

ニーチェの思想なんかわかりもしないくせに人生の名言集として売れた「ニーチェの言葉」

頽落《たいらく》した現代人がニーチェの言葉を相田みつをの言葉と同じと思い込んでしまっている！

パワースポットを求めて旅をする、自分に自信のない現代人。

悪くはないが、人のために尽くすボランティアに熱中して、自分の存在理由を確認したい若者たち。

自分の卑小さを誤魔化すために、ネットに逃避して他人を誹謗中傷し、自分はエライ、自分はスゴイと、自意識を肥大させる孤独な若者や中年たち。

自分の子を客観的に見る目すら失っているモンスター・ペアレント。

他人に文句をつけて尊大にふるまいたがる悪質なクレイマー。

ヒマとカネがあって、心の空洞を埋め合わせるために芸能人を追っかけ、政治意識に突然目覚める定年退職後の初老の人や主婦たち。

メル友を数百人持ってるのも当たり前で、学生食堂で一人で食べると、「友人がいない奴」と思われるのが怖くて、なんと便所で食事をする今どきの大学生。

友人をつくれず、怪しいサークル活動に入会して、やがてカルト教団に導かれる定番の若者たち。

自由に生きるだけ生きて、婚期を逃して焦り出し、いい男がいないと文句を言いながら婚活して、好条件の男の品定めに熱中する現代女性。

ネットだ、ツイッターだと仮想空間のコミュニケーションに飛びついて、自分の心を開けるたった一人の伴侶や親友も持たない虚ろな現代人。

じっとしておれない者たち、地道な生活者でいることに焦燥感を覚える者たち。

家族を愛し、地域の公共に目を配り、会社への忠誠心を持って働き、マスコミの世論誘導に惑わされず、生活者としての目線を失わない、そして素朴な愛国心を持っている…

そんな安定した人物は今どきいないのかもしれない。

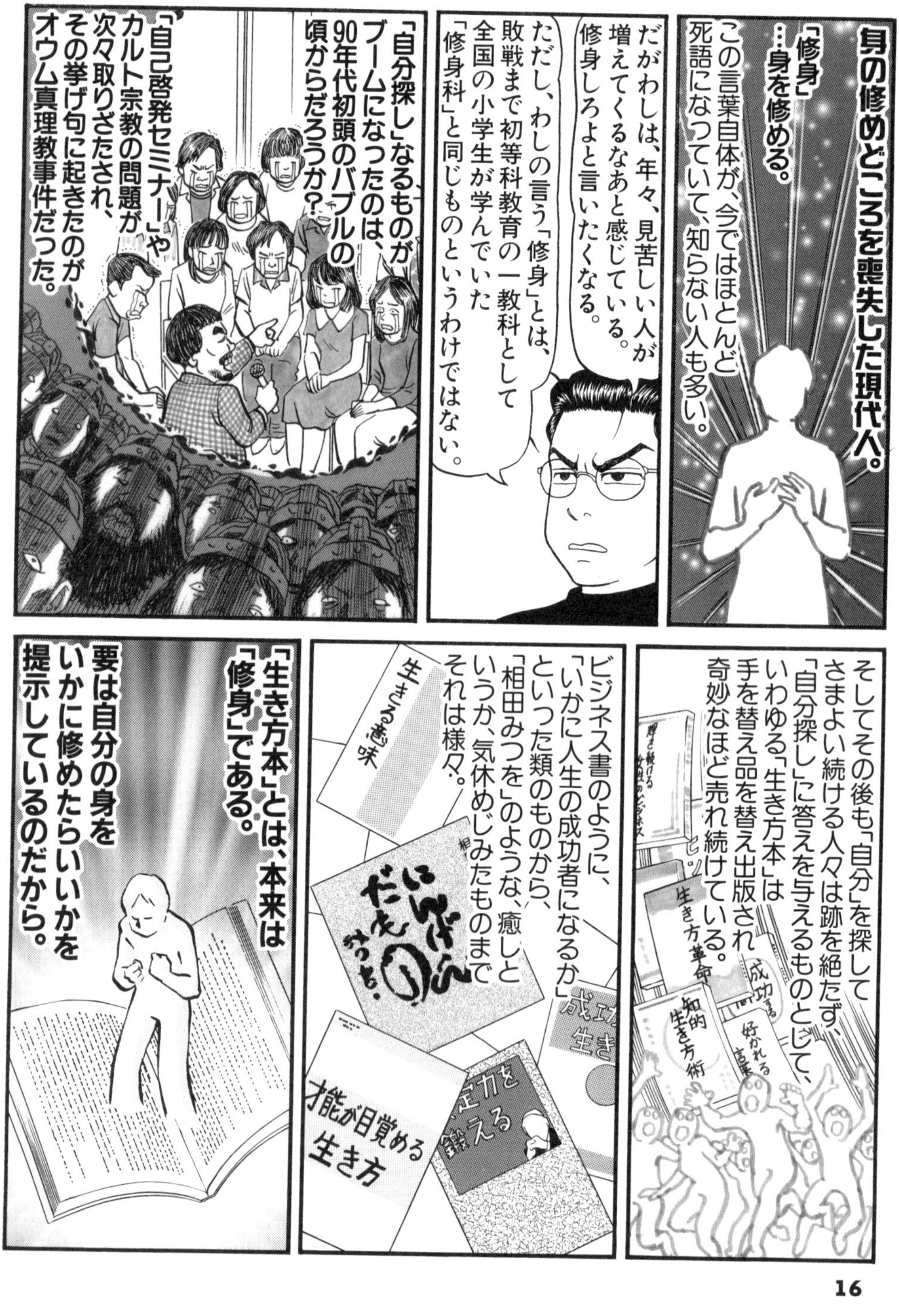
身の修めどころを喪失した現代人。

「修身」…身を修める。

この言葉自体が、今ではほとんど死語になっていて、知らない人も多い。

だがわしは、年々、見苦しい人が増えてくるなあと感じている。修身しろよと言いたくなる。

ただし、わしの言う「修身」とは、敗戦まで初等科教育の一教科として全国の小学生が学んでいた「修身科」と同じものというわけではない。

「自分探し」なるものがブームになったのは、90年代初頭のバブルの頃からだろうか？

「自己啓発セミナー」やカルト宗教の問題が次々取りざたされ、その挙げ句に起きたのがオウム真理教事件だった。

そしてその後も「自分」を探してさまよい続ける人々は跡を絶たず、「自分探し」に答えを与えるものとして、いわゆる「生き方本」は手を替え品を替え出版され奇妙なほど売れ続けている。

生き方革命
知的生き方術
ビジネス書のように、「いかに人生の成功者になるか」といった類のものから、「相田みつを」のような、癒しというか、気休めじみたものまでそれは様々。

生きる意味
才能が目覚める生き方
「生き方本」とは、本来は「修身」である。

要は自分の身をいかに修めたらいいかを提示しているのだから。

「修身」が死語になり、身の修め方を見失って浮遊する個人が膨大にいるものだから、「生き方本」が流行する。

わしは『ゴーマニズム宣言』を長くやってきて、「自分探しのサヨク」や、「自分探しのホシュ」が、増える一方で、さっぱり減らない現実にうんざりした。

例えばわしは某衛星放送の番組でこう発言した。

「行動する保守」の人々はデモを「祭り」と思って参加している。若者は日常に戻って、地域や仕事の現場から社会を変えるべきだし、年配者は大いにやればいいが、わしなら引退したらデモには行かない。公園の草むしりをする。

桜
するとそれを聞いた視聴者やネット住民らは猛反発してきた。

俺たちの運動を公園の草むしりなんかと一緒にするな！

お前なんか公園の草むしりでもしてろ！

彼らは国家の危機を訴えて連日のデモに参加していた「行動する保守」の人々だったのだ。

デモを「お祭り」と言ったことに対しても、
何も好きこのんで、暑い日も寒い日も雨の日もデモをやってるわけではない！

お祭りとはなんだ！国のためにやってるんだ！

と怒っている。

彼らは、ここに自分たちの思い上がりをすべて露呈させてしまっていることに全く気付いていていない。

彼らはデモに参加することで、根拠のない優越感を持ち、自分の共同体である地域の、公園の草むしりをすることを、下等なことだと見下している。
日本を守れ！
「雨の日も風の日も、苦しい思いをしてデモをしているんだ！」なんていうのは、オウムの信者が「自分は苦しい修行に耐えて解脱したんだ！」と選民意識を抱いたのと全く同じである。
家族や地域の「公」を下等なものとみなし、国家の「公」こそが上等だとする感覚はファシズムにつながる。
日本をまも
日本の守護
戦前の兵隊たちも、「郷土（クニ）」のために戦うという意識が大きかったのである。
14年前、薬害エイズ訴訟の支援運動に参加した学生たちが、デモに参加することで選民意識を持ってしまい、訴訟が和解してもなお、引き続いて左翼運動に深入りしようとした。
支え
とケンカしてればいいだけ
厚生省の役人にとってはその組織は日常であり人生を賭けてるんだから組織防衛もしようが…
彼らは言う
まだ何も終わってない
勉強会が楽しい
就職しても両立できる
学生に何ができるだ？
おまえらアマチュア具体的に何ができるん
その時、わしは「日常に帰れ！」と忠告して猛反発をくらったが、今はそれと全く同じ現象が保守の人々の側で起きている。右も左も、いつの時代も、人間なんて変わらないものである。
何なら厚生省に入れ！
企業に！
ごーまんかまして よかですか
あなた方は支える会の学生を日常へ復帰させるべきだ！
準オウム信者に準赤軍派閉じ込めてしようとしている！
新ゴーマニズム宣言スペシャル
脱正義論
正義とは何か。善意はどこに行き着くのか。
小林よしのり

そもそも「修身」とは
儒教四書の一つ、
『大学』の中の言葉である。
「古の明徳を天下に明かにせんと
欲する者は、先づ其国を治む。
其国を治めんと欲する者は、
先ず其家を斉《ととの》ふ。
其家を斉へんと欲する者は、
先づ其身を修む。
其身を修めんと欲する者は、
先づ其心を正うす。
其心を正うせんと欲する者は、
先ず其意を誠にす。
其意を誠にせんと欲する者は
先づ其知を致す。
知を致すは物に格《いた》るに在り。
（略）
天子より以て庶人に至るまで、壹《いつ》に是皆、
身を修るを似て本と為す。
其の本乱れて末治まる者は否《あら》ず。
天子から庶民に至るまで、
ひとえに「身を修める」こと
こそが本分であり、
それなくして家の調和を
保つことも、国を治めることも
できないと説いたのだ。
江戸時代初期の儒学者、
中江藤樹は、なんと11歳で
『大学』のこの節を読んで
感涙したという。
聖人や天子でも、その本分は
「修身」にある。どんな人でも
よく学び、身を修めることが
できれば、聖人のレベルに
達することができるのだと
悟ったのである。
それから約300年後、
東宮御学問所御用係に
任ぜられた教育者、
杉浦重剛は当時13歳の
昭和天皇に、この中江藤樹の
エピソードを用いて
「修身」を説いた。
そのような帝王学を受けて
身を修めた昭和天皇が
国を治められたために、
我が国は敗戦という
未曾有《みぞう》の国難を乗り切る
ことができたといえる。

大東亜戦争の敗戦までは、初等教育に「修身科」があったが、GHQはこれを「軍国主義教育の元凶」として禁止ッ!

GHQの洗脳をそつくり引き継いだ戦後の教育界は「修身」の復活に反対し続けた。

ようやく戦後13年を経過して小中学校の教育課程に「修身」に代わる「道徳」の時間が設けられ、授業が行われることになつた。

ところがこの「道徳」、50年以上経つた現在も「教科」ではなく、学級活動やクラブ活動と同じ位置づけで教科書も評価もない。

そのため日教組によつて多くの学校で道徳教育は有名無実となり、学校内のモラルや規律の低下はとめどなく進み、今や学級崩壊はどこで起きても当たり前の現象となつている。

そこで保守派は戦前の「修身科」を復活させようとか、昔の「修身科」の教科書を今の子供に読ませるべきだとか主張しているのだが…

尋常小學修身書 巻一 兒童用 文部省
果たしてそんな単純な話なのか?

例えばもう一つ、「修身」の中では最も有名な「二宮金次郎」の話を紹介しよう。

あっキンジローの銅像、学校に立ってたよー!

マキしょって勉強してた、やりすぎの人だよねーっ!

がくもん
金次郎が十六の時、
母がなくなりました。
それで二人の弟は、
母の生まれた家に引取られ、
金次郎は、おじの家に
せわになることになりました。
金次郎は、
おじのいいつけをまもって、
一日中、よくはたらきました。
そうして、夜になると、
本を読み、字をならい、
さんじゅつのけいこをしました。

しかし、おじは、
あぶらがいるので、
がくもんをすることを
とめました。
金次郎は、
「自分は、しあわせがわるくて、
よそのせわになっているが、
今がくもんをしておかないと、
一生むがくのひとになって、
家をさかんにすることも
出来まい。
自分であぶらをもとめて
がくもんをするのなら、
よかろう」と思いました。

そこで、自分であれ地を
開いてあぶらなをつくり、
そのたねをあぶらやへ
持って行き、あぶらに
取りかえてもらって、
毎晩、がくもんをしました。
しかし、おじがまた、
「本を読むよりも、
うちのしごとをせよ。
といいましたので、
夜おそくまで
おじの家のしごとをして、
その後で、
がくもんをしました。

二十さいの時、金次郎は、
あれはてた自分の家へ
もどりました。
そうして、
一生けんめいに
はたらいて
田や畠を買いもどし、
家もさかんにしました。
また、世のため、
人のためにつくして、
後々までたっとばれる
りっぱな人になりました。

最近の子供は「二宮金次郎」なんて知らないだろう。
それどころか最近では「桃太郎」や「かぐや姫」の昔話すら知らない子供が出てきたというから、実に由々しき事態ではある。
ももたろう
日本一
かぐやひめ
そんな現代の子供たちに、「二宮金次郎」の話を読ませて効果があるかと言えば、それは甚だ疑問だ。
時代が違いすぎて、自分のことに引きつけて考え、道徳心を養うという思考にならないのではないか？
二宮金次郎の話は、「立身出世」や「御家再興」が美徳であるという前提が共有されていた時代でなければ効果を発揮しえないし、
普遍的価値観と思われていた「親孝行」でさえ、その前提となる「家族」の価値観が解体されつつある現在では、戦前のままの語り口ではなかなか通用しないだろう。
やはり「修身」には、否応なく時代が影響を及ぼす。
第一、保守派が金科玉条にしている「戦前の修身教科書」自体も一色ではなく、時代の影響を受けて変化を重ねていたのである。
明治5年、明治新政府は全国すべての子供に等しく教育を受けさせるべく「学制」を制定。その当初から「修身科」は設けられていた。
江戸時代に武士の子弟が学んだ藩校や、庶民の子弟が学んだ寺子屋、私塾においてすでに修身教育が行われていたためである。
しかしその方針に関しては、急進的な欧化主義により欧米の道徳書の翻訳本を使うべきとする意見と、従来の儒教に基づく教育をすべきという意見が対立、二転三転して混迷を続けた。

また、欧米のような「一神教」のない日本で、道徳教育を行う困難が指摘され、天照大神《あまてらすおおみかみ》の子孫である天皇を敬う仁義忠孝の道を国教とすべきといった意見も出され、論争となった。
明治23年、修身教育の基本となる教育勅語が渙発され、混迷は一応の決着を見る。
教育勅語はそれまでの論争の経緯を踏まえ、特定の宗教・宗派にも、漢学・洋学のどちらにも偏さず、哲学上の理論も、政治的要素も入れないということに留意して起草された。
「我ガ皇祖《こうそ》皇宗《こうそう》国ヲ肇《はじ》ムルコト宏遠《こうえん》ニ」
天照大神、神武天皇以来、皇室のご祖先は立派な理想の下で国を建てられた、という表現などで神話に根拠を持つ徳目が語られているが、宗教対立を避けるために政府は神道を「非宗教」と位置づけた。
よく誤解されるが「国家神道」は戦前、国の優遇をほとんど受けていない。
小学校教科書は当初、現在と同様の「検定制」で、民間が出版し、文部省が検定する制度だったが、教科書会社の競争で贈収賄が頻発したなどの理由で、明治36年に国定化が決まる。
尋常小學修身書 巻一
兒童用
文部省
保守派がバイブルにしているのはこの「国定教科書」だが、ちょっと歴史をひもとけば、その当時から修身の国定教科書は様々な批判を受けていたことがわかる。
一方からは「忠孝主義の徳目」を強調しすぎ、説教くさくて児童の自然な興味を呼ばないと批判され…
逆に一方からは国家に対する道徳の説き方が弱いと批判されたりしている。
尋常小學修身書 巻一
兒童用
文部省

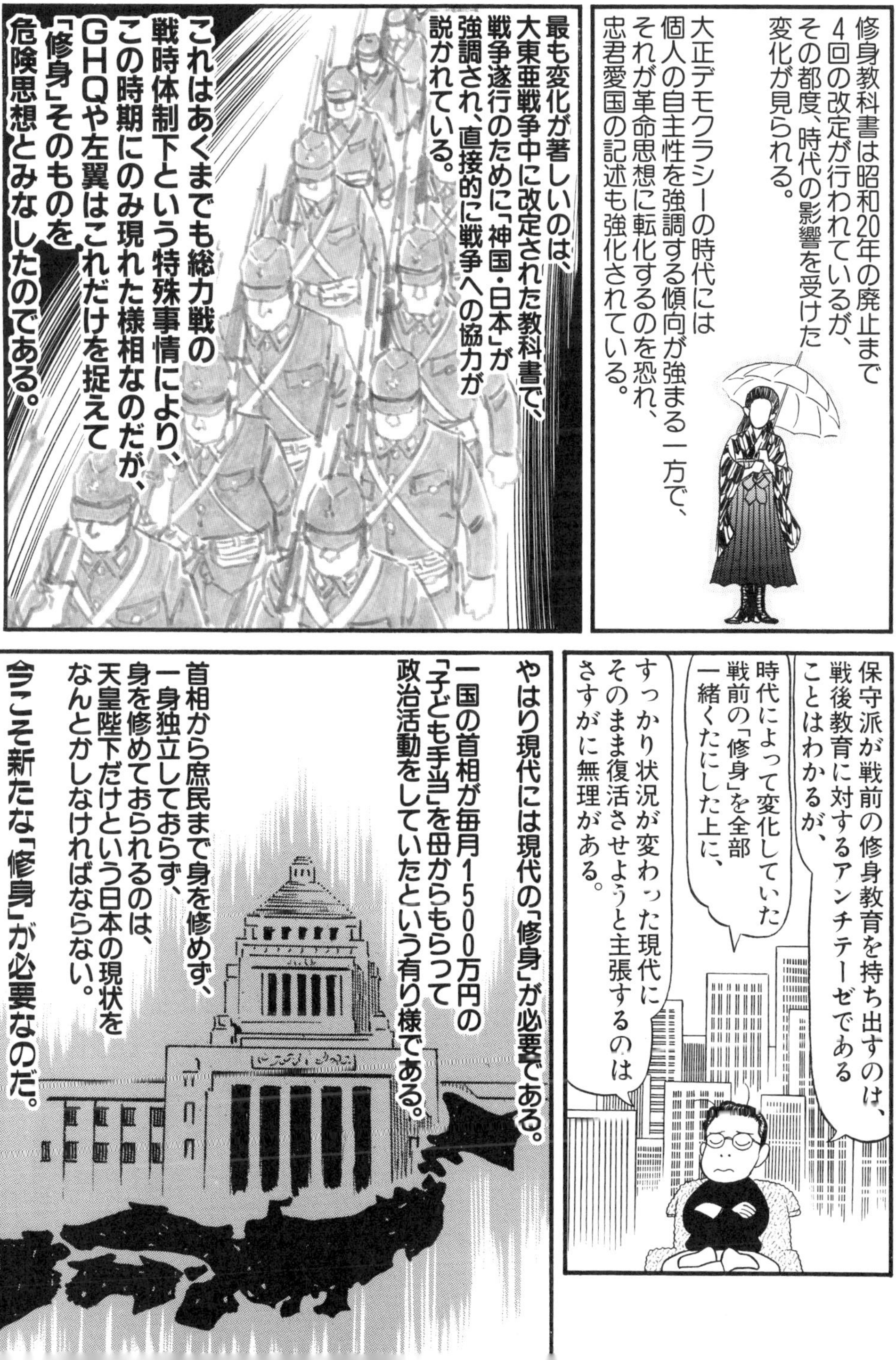
修身教科書は昭和20年の廃止まで
4回の改定が行われているが、
その都度、時代の影響を受けた
変化が見られる。
大正デモクラシーの時代には
個人の自主性を強調する傾向が強まる一方で、
それが革命思想に転化するのを恐れ、
忠君愛国の記述も強化されている。
最も変化が著しいのは、
大東亜戦争中に改定された教科書で、
戦争遂行のために「神国・日本」が
強調され、直接的に戦争への協力が
説かれている。
これはあくまでも総力戦の
戦時体制下という特殊事情により、
この時期にのみ現れた様相なのだが、
GHQや左翼はこれだけを捉えて
「修身」そのものを
危険思想とみなしたのである。
保守派が戦前の修身教育を持ち出すのは、
戦後教育に対するアンチテーゼである
ことはわかるが、
時代によって変化していた
戦前の「修身」を全部
一緒くたにした上に、
すっかり状況が変わった現代に
そのまま復活させようと主張するのは
さすがに無理がある。
やはり現代には現代の「修身」が必要である。
一国の首相が毎月1500万円の
「子ども手当」を母からもらって
政治活動をしていたという有り様である。
首相から庶民まで身を修めず、
一身独立しておらず、
身を修めておられるのは、
天皇陛下だけという日本の現状を
なんとかしなければならない。
今こそ新たな「修身」が必要なのだ。

最近、わしと有志の者たちで始めた「ゴー宣道場」のモットーは、
「身を修め、現場で戦う覚悟をつくる公論の場」である。
ゴー宣道場
身を修め、現場で戦う覚悟を作る公論の場。
小林よしのり
第一回目の道場で有志の一名から冗談交じりでこう言われた。
『おぼっちゃまくん』の作者が今や修身を語っている!
『おぼっちゃまくん』は下品とか、子供に悪影響とかPTAに批難されたが、まったく見当はずれだった。
だれもこの作品のテーマを見抜けなかったのだ。
わしの真意としては、個人主義的な人間関係しかない現代社会の批判になるように、
友だち
強烈な家族の愛情や、
濃密な友人関係や、
汗臭い人間のバイタリティを描いて、
このデオドラント(無臭)化した現代社会に抵抗してやろうという野望があったのだ!
もちろん、拝金主義にうつつを抜かす者たちへの痛烈な風刺でもあった!!
かっ…金《かね》はうけとら〜〜〜〜ん!
ちゃわっ!!
ぜっこうも〜ん!!
わしゃ
ぺっぺぺぺぺぺろろろろろ
さすがいい服着《き》てやがる。くそ〜〜〜、うらやましい〜〜っ。
きみが茶魔《ちゃま》だな。フン!うらやましいな。
あぎゃ〜〜っ
おぼっちゃまくん
5
小林よしのり

つまり『おぼっちゃまくん』は、はちゃめちゃ下品に見えながら、実は現代の状況を考慮した「修身」だったとも言える。

「人間関係はもっと濃密でいいのではないか?」という問い掛けがあったのだ!

『ゴーマニズム宣言』も最初から天下国家ばかり語っていたわけではない。

1992年のスタート時は純然たるエッセイ漫画で、もっと身の回りの生活の話も描いていて、今の生き方、現代の「修身」というべき内容のものも多かったのだ。

ところが最近では、連載している雑誌の読者傾向が、身辺雑記よりも天下国家に関心ある者の方が多くて、なかなか以前のようなエッセイ風の作品が描けない。

せっかく過去に描いた『ゴー宣』の「生き方」に関する作品も、誰からもその意義に気づかれないまま、埋もれている状態になっている。

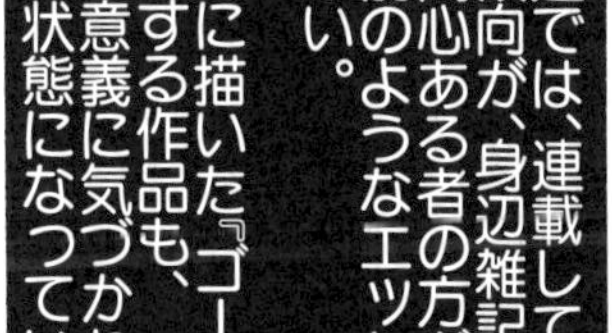

そんな中、マガジンハウスという、あまり天下国家を語ることに興味なさそうな出版社から依頼が来たので、これはいい機会だと思い、企画したのが本書である。

!

本書では、過去に描いた『ゴー宣』の中から、新たな「修身」の確立を予感させる章を選び出し、わしのスタッフを交えて、わしが講釈をするという形式をとった。

日本は一神教の国ではない。「倫理」の国ではない。

だが共同体の世間の目で人々のふるまいを縛る「道徳」がしっかりしていた。

それすら、家族・地域・会社などの「中間共同体」の崩壊が進む中で、溶解しようとしている。

共同体から浮遊した「個」が、自らの生きる指針を見失って、「自分探し」の旅を続けている。

頼りない「生き方本」を羅針盤にして。

ごーまんかまして
よかですか？
HOW toで提示された
生き方を、みっともなく
実践してみる愚かさから
さっさと卒業しよう。
人々を
自由の牢獄から解き放つ
現代版「修身」を
考えてみよう！

勝間和代でも香山リカでもない生き方

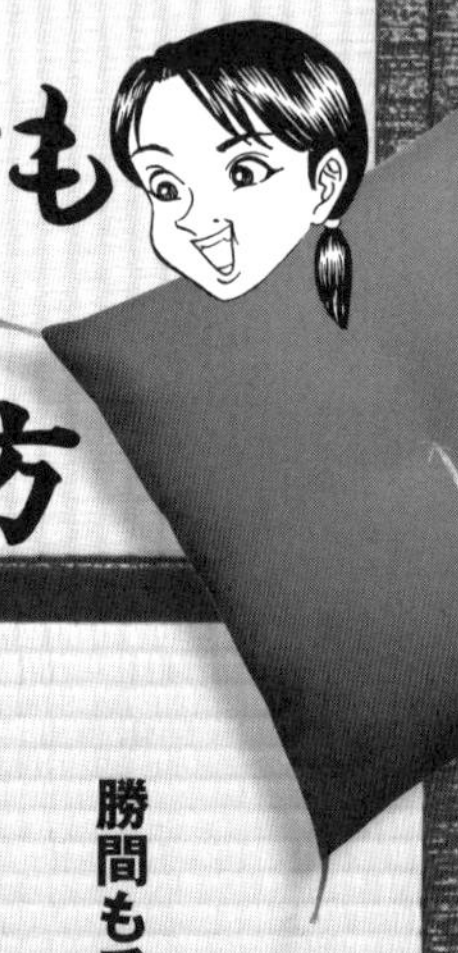

勝間も香山もいらない生き方

よしりん　自分が何者かわからない「自分探し」の旅人や、自分がどう生きたらいいのか迷って「生き方本」に手を出す人が最近ずいぶん増えてるらしいね。つまり身の修めどころがわからなくなった人々が増殖している。

　これらの人々に「現代版・修身」を考えてもらうための取っ掛かりとして、最初に一つ質問をしよう。

「あなたは強者ですか？　弱者ですか？」

トッキー　いきなり思い切った質問ですねー。

よしりん　誤解しないでほしいけど、わしは決して「強者」がよくて「弱者」がダメと言いたいわけではないよ。

みなぼん　「勝ち組・負け組」という意味ではないんですか。

よしりん　全然違う。「強者の生き方」が「あるべき生き方」で、「弱者の生き方」が「ダメな生き方」なんて、そんなバカバカしい意

味ではない。強者には強者の生き方があり、弱者には弱者の生き方があって、この両者に善悪の区別などあるわけはなく、ましてや優劣の区別すらない。まずこれは言っておく。

トッキー　では何が「強者」で、何が「弱者」なんでしょうか？

よしりん　まず、お金持ちになった者が「強者」で、派遣切りに遭った者が「弱者」だとかいうような、資本主義の枠組みにおける「勝者・敗者」など論じる意味もない。

最近は勝間和代が、合理的でまったくムダのない日々を送って、得だけするにはどうすればいいかをＨｏｗ ｔｏ形式で教える本を出しているけど、これは資本主義社会での「勝ち組」になるための生き方を伝授したいんだろうね。「自転車に乗ること」なんて言ってるらしいが、免許証もないのに車買って秘書に運転させてる「勝ち組」のわしには耳が痛いね（笑）。

するとこれに香山リカがかみついて、『しがみつかない生き方』で「勝間和代を目指さない」と唱えた。香山リカには資本主義社会の勝者に対する嫌悪感があるんだろうし、世の女性たちにも、自分は勝間和代のようにはなれないというコンプレックスを持つ人や、勝間和代のようにならなければいけないのではないかとあせる人、実際に勝間和代を目指して失敗する人がいるだろうから、そういう「負け組」を救って応援しようとしているんだろう。

要するに、資本主義社会に適応できやすい読者を勝間が獲り、適応できにくい読者を香山が獲るという分捕り合戦をやっているわけだね。

トッキー　うまく棲み分けてるとも言えますけど。

よしりん　ビジネス書なんか、昔から功利的でムダのない生き方をＨｏｗ ｔｏで教えて、勝ち組を目指す本ばかりだった。その一方で、そんな競争から降りて、ジョージ秋山の漫画『浮浪雲《はぐれぐも》』みたいに生きたいという考え方も、いつの時代にだって必ずある。

勝間和代へのカウンターで、「力まなくていいじゃない」と言うだけで本が売れるんだから、香山リカもなかなか要領のいい、功利的な生き方をしていると感心するよ。こんなに新書を出している人間がいるのかと思うほどの、売れっ子中の売れっ子が、漂う浮浪雲のように生きてるわけないよな。

香山リカは、精神分析医をやっていると、がんばりすぎてキレてしまった人がたくさん相談に来ますとか、サンプルがあるように言いながら勝間和代を批判する。どんな時代が来ても、香山リカは常に「こんな症例がある」と挙げて本を書ける。

本当にそんなにいつもいつも、変化する時代の特徴を反映した

勝間和代でも香山リカでもない生き方

都合のいい患者が、必ず香山リカのところにやって来るのだろうか？（笑）

皮肉っぽく言えば、結局、勝間和代も香山リカも、どっちも莫大な印税を手にしている「勝ち組」同士なんだから、大した差はないと思うね。

トッキー　あれだけマスコミに取り上げられている人が「負け組」のはずないですよね。「負け組」の味方のように見えても、本人は「勝ち組」。

みなぼん　その人の書く「生き方」が、本当に人の役に立っていればいいんじゃないですか。

よしりん　まったくその通り。いまどき無駄を一切省くガムシャラ人生を支持する者は、過剰な生命力を燃焼させればいいし、その反対に「力を抜いて生きましょう」とか、「あまり野望を持たないこと」とか、「ほどほどでいいじゃない」なんて教えに癒されるのも毒はないしね。

トッキー　後者のほう、何だか「相田みつを」みたいですね。

よしりん　最終的には「相田みつを」だね。「よのなかはぜんぶひらがなでいいじゃない」って感じかな（笑）。特に誰かに教えてもらう必要もないことなんだけど、「かたのちからをぬきたいね」って言えば「癒し」になるんだから(笑)。

強者・弱者とは何か?

みなぼん　では改めて、「勝者・敗者」という意味ではない「強者・弱者」とはいったい何なんでしょう?

よしりん　考えてもみなさいよ。世の中って、強者と弱者の両方がいなければ成り立ちませんよ。強者は良いが、弱者が悪いなんて言っても、強者のみの世の中にはそもそも強者という概念が消滅するんだから。

トッキー　強者だけの世界、弱者だけの世界とはつまり「完全平等社会」ってことですもんね。それはありえないですね。

よしりん　強者とは、弱者も含む世界に責任を負うことのできる人間、「公」を引き受けられる者であり、弱者とは、自分を守ることまでしか考えられない者と言うことができる。中には、自分すら守ることができない人間だっているだろうな。

強者、弱者、それなりの生き方があるはずではないかね。

「弱者は放っておけ」としか考えられない人間は、全然強者ではない。最近では、30代の失業者が80万人にも達するという。強者な

勝間和代でも香山リカでもない生き方

らば、それを何とかしなければとつい考えてしまうんだな。
みなぼん　「公」のことを考えるってことですね。
よしりん　拝金主義で金だけ稼いで、まだ自分のことしか考えられない人間は、「愚者」でしかない。
トッキー　「強者・弱者」「賢者・愚者」「富者・貧者」はそれぞれ異なるわけですね。
よしりん　貧しくても強者という人はいるからね。爪に火をともすような生活をしていても強いという人はいる。
　例えば森鷗外の娘でエッセイストの森茉莉みたいに、極貧に耐えて本を読んで、美意識を保ち続け、知的生活をまったく個人で貫いた人間もいるわけで、そういう人は賢者であり、強者であるという以外にない。とてもまねができないような生き方をした人もいるんだから。
みなぼん　一見弱者に見える男でも、自分の身近な人間だけは生活させている人はいるわけだから、それは強く生きていると言えるわけですよね。
よしりん　例えば、大多数の人に当てはまる例だと思うから、わしの父の例を出すけど、生涯一公務員で、平凡の権化だったわしの父は、強者だったのか、弱者だったのか？

自分の家族を守るために、生涯、地道な生き方に徹したその忍耐力、持久力は十分強者と言っていいだろうな。

正しい弱者の生き方とは?

よしりん 以前テレビで、30代でホームレスになっちゃった人のドキュメンタリーを見たけど、なんと最近はヒゲをそってこざっぱりした格好の、全然ホームレスに見えない青年がいるんだね。

またある者は、親戚や近所の人や行政に「助けて」も言えないまま、餓死してしまっていた。わしは、こういうのは弱者の生き方としては、なっとらんと思う。憤慨するよ。

トッキー 「その弱者の生き方はなっとらん!」って、すごい言い回しですけど(笑)。

よしりん それは「正しい弱者の生き方」とは言えないだろう。全然なっとらん! かといって、時の政治権力や日本国家を呪うだけ、怨むだけというのも、弱者の生き方としてはなっとらん!

みなぼん 例えば父親が家族を食べさせていけなくなったら、親戚中に頭を下げて借金をお願いして回って、何とか助けてもらったりするでしょう。それは弱者かもしれないけど、頭を下げてでも生きるというのが弱者の生き方だったりするわけで、そう考えれば、30代ホームレスで「助けて」も言えずに餓死しちゃうというのは、ちょっとおかしいなと思っちゃいましたね。
よしりん　みなぼん、その通りなんだ。つまり、弱者ならプライドなんか捨てなさいって（笑）。弱者のくせに、なんでプライドなんか持ってるんだ？　なっとらん弱者が最近多すぎる。
みなぼん　何やってんだと思いますね。
よしりん　弱者のくせしてプライドなんか持ちやがって、本当になっとらん！　生き方としてまちがっとるよ。
……そういえば、みなぼんもプライド高いよね。
みなぼん　私は弱者じゃないっ（笑）！
よしりん　こいつ去年アキレス腱を断裂して、一時期松葉杖生活だったんだけど、そんな有り様のくせにプライド高いんだよ〜。わしがいたわって、何かしてやろうとしても、全部断ったからな。
みなぼん　だって先生に何か買ってきてとか、頼めないじゃない。
よしりん　あまりにもそっけなく断られて、わしのほうが弱者の気分になっちゃう（笑）。なんにも頼ってもらえなくって。
弱者になったら甘えておかなきゃ。ハワイのホテルでエレベーターから降りるとき、車椅子の身障者に手を貸そうとしたら、断られちゃったけど、あのときもちょっぴり傷ついたなあ。ハワイはバリア・フリーが徹底してるからいいけど、日本では他人に甘えてほしいよね。

みなぼん　それはすっごくよくわかるよ。世の中がどれだけ不便か。段差一つあるだけでも大変だったから(笑)。

よしりん　例えば車椅子の人が、周りの人に「すいません、階段下りたいんですけど」と言えば、すぐに誰か手を貸してくれるよ。わしだってやったことがあるけど、二人いれば車椅子ごと抱え上げられるし、弱者は甘えるべきなんですよ。

だからあの30代ホームレスの様子を見ていると、100%の同情はできない。生存本能が弱っているんじゃないかと思う。落ちぶれたらプライドを捨てて、頭を下げて生きのびることもしなきゃ。それなのに、ヒゲそってこざっぱりとした格好して。こんなに落ちぶれやがっているのに、身なりだけはきれいにしておこうとするんだから。

みなぼん　「助けて」が言えなくて餓死してしまった人の場合も、頼めばご飯をくれる友人のお母さんがいたらしいから、仕事が見つかるまではここに住まわせてくれとか言って、もっと頼っていればよかったのにね。

勝間和代でも香山リカでもない生き方

よしりん　わしが描いた『おぼっちゃまくん』に、「貧ぼっちゃま」というキャラが出てくるけど、前半分だけ服を着て、後ろ半分は裸で尻見せてるじゃない。

みなぼん　「貧ぼっちゃま」大好き！　それで「落ちぶれてすまん！」って挨拶するんですよね（笑）。

よしりん　あの「貧ぼっちゃま」を見習うべきだよ。

要するに最近の若いホームレスはプライドが高すぎて、落ちぶれているくせに、落ちぶれていることを人に見せたくないんでしょう。貧ぼっちゃまは「落ちぶれてすまん！」と、自分が落ちぶれていることはすっかり認めている。でも、どんなことをしても生きていこうと思っている。唯一のプライドは、前半分だけでも服を着ること（笑）。

みなぼん　弱者の生き方としては、プライドをどう捨て、どう守るのかというのがポイントになるような気がしますね。

よしりん　プライドを守って餓死してたんじゃなあ。人に甘える勇気もいるよね。

どんなに落ちぶれて、プライドを捨ててもいいんだ。生き抜いて、いつかは浮上してやるという気持ちがある限りは、完全にプライドを捨て去っているわけじゃないんだから。

みなぼん　いつか浮上した日には恩返しする、甘えっぱなしではいないという気持ちはあるわけですもんね。

よしりん　そう。そういう気概がどこかにあるのなら、今はプライドを捨ててもかまわないという感覚で生き抜かなければならないはず。それができないのなら、やはり生存本能自体が弱ってると言わざるをえない。顔のいいホームレスは、落ちぶれても身なりをきれいにしているくせに、どうして女をひっかけに行かないんだろうね。

みなぼん　ホストでもやればいいのにね（笑）。

よしりん　一人暮らしのなるべく不細工な女をひっかければいいんだよ。「家は金持ちなんだけど、親父に勘当されちゃってね〜」とか嘘八百並べて、女の部屋に転がり込んでやりっ放したり、ありとあらゆる方法で騙《だま》しちゃえばいいのにね。最後の手段なんだから。女に限らず、社会をだます手口はまだあると思うんだよね。例えばおばあさんを……。

みなぼん　そこまで行くと犯罪じゃないですか（笑）。

よしりん　いや、おばあさんの介護をして、養子になる感覚で、住みついちゃうとか。

トッキー　そんなことができる人なら、そもそもホームレスにはなっていないと思いますけど(笑)。

よしりん　そうかも〜〜〜〜(笑)。しかしさ、田舎に帰れば親がいるような人でも、最近はホームレスになっていたりするらしいよ。正しい弱者の生き方をしていないじゃない。親や親戚は泣きつくためにあるはずだろう。生存本能に逆らってでも守るプライドって武士道?

トッキー　プライドというよりは自己愛、ナルシシズムのような気がしますね。そういう人は子ども時代からずっと、何かの壁にぶち当たって、それを乗り越えたというような経験がなかったんでしょうね。

よしりん　確かに現在は、恥をかかせて、屈辱を与えるという教育をされないままに育ってしまっているという問題はあるね。

みなぼん　学校教育の中でも、学力で落ちこぼれたときに、学力よりも個性が大事だとか言って育てられてしまっているわけでしょ。本来なら、小学校で成績がよかったのに、中学ではもっと成績のいい人が編入してきて順位が下がってしまってショックを受けるとか、それを乗り越えてさらに成長していくとかいう過程が大事なのに、それを経験しないままに「個性が大事だ」とか言っちゃうのが問題なんじゃない。

よしりん　だから、すべてのことが関連してくるんだよね。家族から教育まで、これは全部が戦後民主主義の病なんだろうね。

やっぱり「弱肉強食」は世の基本

みなぼん　先生はよく「男は強くなければ生きていけない。優しくなければ生きる資格がない」という言葉を引用しますね。私はその言葉がすごく印象に残っているんですけど。

よしりん　レイモンド・チャンドラーという作家が書いたハードボイルド小説の主人公のセリフだけどね。確かに世の中には弱肉強食のところはあるから、強くなければ生きていけない。でも、優しくなければ生きる資格さえない。

トッキー　「優しくなければ」という部分はいいんですけど、「強くなければ生きていけない」というのはどうなんですか。やっぱり強者にならなければならない、弱者には弱者の生き方があるとばかりは言えないということになりませんか？

よしりん　例えば、いくら介護や農業には雇用があるといっても、実際には介護も農業も、能力が必要だということが明らかになってきちゃった。いくら人手不足でも、役立たずはいらん。本当に勉

勝間和代でも香山リカでもない生き方

学の精神が旺盛な中国人研修生がやってきて、テクニックを全部盗んで行っちゃう。しかし最近の日本の若者にはそんな闘争心はない。これでは現実に生きていけないからなあ。

みなぼん　それくらいの闘争心は必要なんですね。

よしりん　いくら強者が弱者のことも考えて、社民的に助けるべきだと言ったって、それはあくまで人工的なもので、アフリカ諸国やアフガニスタンなど、社会基盤の整備ができていない国に行けば、そこには完全なる弱肉強食の世界が広がっている。それが人間の生きる世界の基本だからね。

さらにもっと愚直な例を言ってしまえば、生まれてきたということだけでも、卵子に到達した何億分の一の「世界に一つだけの精子」いや、「子宮に一つだけの精子」なわけで(笑)。

みなぼん　も〜、やめて、そういうこと言うの！(笑)

よしりん　だって、これが真理なんだから。非常に愚直な例だけどね。生まれたときはみんなナンバーワンなんだよ。生まれる前から競争は始まっている。幼稚園にも小学校にも競争はある。それなのに、世の中に競争がないかのように言うウソ事の社民主義が蔓延しているのが問題なわけだ。

保育園だって、体力のある赤ちゃんは体力のない赤ちゃんをいじめる。幼稚園のころは、わしなんか完全に弱者だった。昼食の時間に、仲のいい者同士でグループ作って食べるんだけど、わしと知恵足らずの子の二人だけが取り残されて、いつも教室の後ろで弁当箱持ってじーっと立っていた。それで先生に「よしのりちゃん、こっちにいらっしゃい」って呼ばれて、ようやく人の輪に入っていったんだから。

みなぼん　今の先生からは想像がつかない……(笑)。

よしりん　それがわしの原点だよ。喘息で人馴れしていなくて、気おくれしている、痩せた真っ白な顔した子で、一番の弱者だったんだから。

幼児の頃から、協調性があって、明朗快活で、すぐ社会生活になじめる強者の子がいて、一方に弱者の子がいる。小学生になっても競争があった。こうして、世の中はこういうものだと、悔しがったり屈折したりしながら、それをバネにして、いつかどこかで勝ってやると考えて一念発起していくしか、本当は生きていく方法なんかないよ。

ところが現在は、そういう人間社会の原則を、全部覆い隠しているからね。先人の努力で築き上げてきた社会生活を営む上でのインフラに、健康体の人間までが甘えてるだけじゃいけないよ。

Part 1

「恋愛」「結婚」をごまかしていませんか？

ゴーマニズム宣言
PREMIUM
修身論
韓流純愛ブームとニート
福岡の太宰府は縁切りの神様だと地元では言う。
だが女と行って、あんないい雰囲気になれる場所はない。
太宰府でデートした女のうち、一人とは今も続いているが、一人とは別れた。
別れた女のほうが、続いている女より美人だった。
続いている女は別れた女より信仰心が強かった。

あの一人の美人と恋愛したおかげで、わしから女の美醜へのこだわりが消えてしまった。

あなたはなかなか歳《とし》をとらない人だと思うよ。

次々に若い女の人が現れるんじゃないかな?

恋愛を運命だと思い込めるか否かが作家の力量だろう。

人は誰でも作家として生きることができる。

人生の脚本を書き続ける覚悟と持久力さえあれば。

あなたはずっと漫画家なの?

それはペルソナの一つに過ぎないよ。

わしは多分、小林よしのりの人格を表現するプロとして生きていくだろうね。

私はどう生きるべき?

残念だけど君は迷ってるもの。

わしにはもう見当つくけどね。

飛び梅が匂う東風《こち》吹く季節だった。

別れた女には
二度と会いたくない。
あれほどの美人でも
きっとわしより
老けているに違いない
美しい記憶を
わざわざ
幻滅させてしまう
ことはない。
わしの知り合いの
女性が福岡から
上京して、
若い頃、告白でき
なかった男に
会いに行くという。
よせばいいのに
彼女の友人二人が
そそのかして、
中年のオバサン
三人で
男の会社を
訪ねて行った。
あの時の思いを
一言伝えて
おかなければ
後悔するわよ、
そうよ、そうよ
素敵な話だわと
頷《うなず》きあいながら。
40代、50代の女たち、
子供を社会に
送り出そうとする
くらいのオバサンたちが、
なぜか恋愛の
ノスタルジーに耽《ふけ》って
最後の暴走を始める。
わしが愛した女たちも、
今では30代、40代になって
子を育てオバサンに
なっているかもしれないが、
わしの記憶の中に
美化したままで
留《とど》めておきたいものだ。
そんな男の
ロマンチシズムを
無視して、
中年女性が嵌《はま》って
金をつぎ込んでいる
韓流ドラマというやつを、
わしも見てみた。
土曜日の午後に
放映している
『天国の階段』を
数回分ビデオに収録した。

『冬ソナ』で有名になった
チェ・ジウも出ているのだが
その筋書きは
交通事故、
記憶喪失、
偶然性の乱発、
失明、
歯の浮くようなセリフ、
うんざりするほど
泣いてばかりの
プラトニック・ラブだ。
その話の馬鹿馬鹿しさは、
かつての大映ドラマのように
笑って見られる工夫もなく、
ただ冗長でたえられない。
ちょっと面白いのは、
主人公が腹こわして
便所に入るシーンが
平然と描かれ、
女の顔の前に
靴下をつき出したり
男が女につかみかかったり
する行為が
激しくて下品なのだ。
わしが小学生の頃、
舟木一夫や
吉永小百合や
浜田光夫といった
青春スターが
出演する
『高校三年生』や
『光る海』などの
映画を、叔母に
連れられて
見に行ったのは、
昭和30年代だった。
光る海
あれもキス一つするまでの
長い道のりを描いていた。
しかしあの
プラトニック・ラブには
「故郷」や「友情」という
主題も重ねられており、
男女の「私」的情念だけを
だらだら描くだけの作品では
なかったように記憶している。
韓流ドラマというのは、
男は女のことしか考えてなくて、
女は男のことしか考えていない。
完全に「私」的な世界に
閉じこもった
男女のみの話なのだ。

中年の女性が韓流ドラマに嵌るのは、要するに
こんなふうに私だけを見てほしい！

私だけを愛してほしい！

私だけに執着してほしい！

…という男への願望なのだろう。

実際はこうまで女のことしか考えない男などクズである。

昔なら女々《めめ》しい奴《やつ》と軽蔑されていた。

「公」的なことを考えるのが男の使命なのであって、「私」的な事柄に埋没する男など、人生を面白くする魅力があろうはずがない。

しかし近頃の女はこんな男でいいのだろう。

自己愛のみが過剰な女どもは、自分だけに夢中になってくれる男を望んでいるのだ。

大学を卒業したばかりのわしの秘書は言う。

自分の思い通りにならない男と付き合うためには「尊敬」が必要なんですよ。

韓流スターの追っかけをやってるオバサンたちは夫を尊敬してないいんじゃないんですか？

なるほど！加護ちゃんみたいな子だと思ってたが、時々、大人っぽい批評をする。

男を尊敬するよりも、男を調教したいという女の自意識の肥大化が韓流ブームや純愛ブームの背景にある。

自分の手のひらの上だけで動く男を調教し、さらにその手のひらの上で、自分だけを見続けてほしいと願う中年女性たち…

NO!

そういえば、わしの母や妹は、男を愛する条件として、「浮気をしない男」と昔から言っていた。

確かにわしの父は「ミシンの針」だった。

同じ穴しかつついたことがないのだ。

だが、そんな父でもさすがに妻がペ・ヨンジュンを追っかけて、成田空港やら滞在ホテルやら韓国にまで行くのは許さないだろう。

少女時代ならわかるが、いい年こいた中年女性が見苦しいにも程がある。

自分の妻に品位を求めるくらいの「父権」は、わしの父は持っている。

わしの父は、わしのようにヤクザ者ではない。

確かに「ミシンの針」だが、妻や子に対する「父権」くらいはしっかりと発揮する「偉大なる平凡人」であったし、ほとんどミイラ化した今も、そうあり続けている。

家庭の中にしっかりした「父権」があったからこそ、わしは「エディプス・コンプレックス」(母を慕い、父を憎む無意識)を乗り越えて、恋愛できるようになったのだ。

男が生まれて最初に愛するのは母親である。

その愛を妨害するのは父親である。

コラッ!! じゃますんじゃない!

従って男の子は、父親を憎むことになる。

父親は息子に
しっかり憎まれるように
「父権」を誇示しつつ、
妻を我が物にして
いなければならない。
子供は早く寝なさい
母を奪われた息子は
マザコンになることもなく、
いつか「父殺し」をしようと
心に誓う。
そして母を原像とした
女の理想像に出会って
恋愛し、
父への依存心を断ち切って
自力で女を保護することで
独立するのだ。
わしの知り合いに
「ニート」の子供が
3人もいる。
23、26になる男子。
そしてもう、
30も過ぎた男だ。
彼らは就職しようとしないし、
アルバイトもしたことがない。
なにしろ、恋愛体験がない。
その「ニート」息子らに
共通するのは、
マザコンで、
父を憎む力が
足りないことだ。
父親が子供に
いい顔をする。
叱らない。
規範を与えない。
父が子を
「自由・平等・民主」的に
育ててしまったため、
父と子が友だちのような
関係になってしまって、
現実の象徴たる
「父権」に立ち向かう
精神力が
子供に宿らない。
母も子をペットのように
育ててしまって、
なんと、わしの知っている
母親は、子供が
小便をしたら
ペニスをトレペで
拭いてあげていた。

最近では
立ちションもできない、
便器に座って小便する
若者が増えているという。
かくして子供は、
エディプス・コンプレックスを
克服できず、従って
恋愛をすることもできない。
「ニート」の親たちは、
我が子を家から
追い出そうとせず、
いっそ一生、我が子の
面倒を見ようとすら
思っている。
馬鹿親ゆえの
馬鹿息子である。
今、日本には
50万人もの「ニート」がいて、
手首を切るような
「引き込もり」を含めたら
100万人もいるという。
夫の「父権」が消滅して
解放された妻たちによる
韓流純愛ブームの陰で、
子供たちは、
恋愛をして、
父母から自立する
活力までなくしている。
ごーまんかまして
よかですか？
韓流スターにときめいて
追っかけしてる場合か
中年女性よ！
エネルギーが
余ってるのなら
日本男児を
育ててくれ！
まず、おまえの
夫を男にして、
子供を自立させる
ために闘え！

ゴーマニズム宣言
PREMIUM
修身論
「セカ中」は
「自己中」
純愛とは何か？

最近、福岡に帰ることが多い。古代史や近現代史の取材を繰り返しているのだが、一週間くらいホテルに滞在することが多くなった。

問題なのは時々、自分の過去に出会う気まずさがあることだ。

秘書・みなちゃんと歩いていたら…

小林さん
!?

全然、変わらないわね。

テレビで見てたけど。

ああ、君か…

変わらないね 君も。

恥ずかしいけど、つい声をかけてしまって…ごめんね。

応援してるから。

これからも活躍してね。

ありがとう。

嘘だ。

子育てに追われて大変だもの。

……………

はは～～～～ん。

先生の過去の女か。

だってそうじゃないか。わしが今の恋人とデートしているかもしれないのに、声かけるかよ、昔の女が。

恋人？

娘を連れてると思いますよ、世間は！

だとしたら無粋な女になったものだな。

なんで？

どうせオヤジだ、わしは――――っ。

さっさと、じじいになるぞ――――っ

でも、あの女性…きっと純愛だったんですね。

可愛い反応だもの。

タクシーで移動中、みなちゃんと、小泉の国会答弁のパロディごっこをやった。

福岡のことは福岡出身のこのわしに何でも聞きなさい!

先生、この公園、なんていうの?

この公園?ああ、これは有名な公園だよ。

だから、なんていう公園なのって?

うん、そうだな、この前、見たんだが…

どんたく隊の集合場所だった。

先生!答えになってないよ。

私はなんて名前って聞いてるの!

だからつまり、ここから、どんたく隊が出発するんだぞ。しゃもじ持ってな。楽しいぞ———。

なあにい?それ、小泉首相の国会答弁と同じじゃない。聞いてることと全然、違うこと答えてるよお。

何、言ってるんですか！わしは、ここは明らかに有名な公園だって言ったじゃないですか！

失礼な！福岡の者なら誰だって知ってますよ。

はぐらかしてるじゃないですか！

私が尋ねたのは名前ですよ、公園の！

知らないなら、知らないって言ったほうがいいですよっ！

天神のどまんなかですよ、ここは！

だから、さっきから言ってるじゃないですか。そこいらの誰にでも聞いてごらんなさい。

お年寄りから若者まで、主婦も、勤め人も子供だって、
福岡市民なら誰だって知ってる馴染み深い公園なんだから！知らなきゃ、よそもんでしょう。

だからなんて名の公園なんですか!?

なんて名かなんて、今、私に聞かれたって答えようがない！

しかも誰だって知ってる公園の名を私が言ったところで、それが国益になるかどうか、
微妙な問題だと思いますよ！

バックミラー越しにタクシーの運ちゃんが笑っていた。

くくく…

小泉の言葉は空虚である。

その場しのぎで何でも言ってしまう。

政治家になる前に、働いてもいないのに給料出してもらい、厚生年金を積み立ててもらっていたありがたい社長を、まだ生きているのに死んだことにして話していた。

人生いろいろ！

会社もいろいろ！

社員もいろいろなんです！

自衛隊の派兵に伴う議論では…

今、私にどこが戦闘地域か非戦闘地域か聞かれたってわかるわけがない！

イラク戦争の大義だった大量破壊兵器がついに発見されないとなると…

フセインが見つからないからといって、
フセインがいなかったことにはならないでしょう！

まったく議論になってない反則答弁をやっているのだから、こういう場合は本来、議長が正さなければならない。

それを議長ができないのなら、民主主義の根幹である議論そのものが成り立たなくなる。

……

議長がこういう反則答弁を正すことができないのなら、もうコンピューターを導入して、論理の辻褄が合わない時は、警報が鳴るようにしなければならない。

反則
最近の政治家はものすごくぞんざいに言葉を使っている。

言葉の「公・私」の区別がわからなくなっているようだ。

＊1　2004年から2005年にかけて、イラク武装勢力が日本人を誘拐、拘束する事件が起きた。被害者の自己責任ではないか、との批判も相次いだ。
＊2　2004年、佐世保市の小学6年生が、同級生をカッターナイフで切りつけ、失血死させた事件。ネット上の掲示板でからかわれたことが原因と言われている。
＊3　早稲田大学の学生による集団強姦事件。2003年に発覚。太田氏の発言は海外メディアでも取り上げられ、非難を浴びた。
＊4　北朝鮮による日本人拉致の家族

＊肩書きは全て当時のものです。

イラクで邦人が人質になった時は…*1
自衛隊イラク派遣に公然と反対した人もいるらしい。そんな反政府・反日的分子のために血税を用いるのは強烈な違和感、不快感を持たざるを得ない。
日本のやり方に反しているのだから反日的分子。（不適切と）思う人はいるかも。ぼくの考えだから。
柏村参院議員
小学6年生の女子が、同級生の女子を殺した事件*2の時は…
元気な女性が多くなってきたということですかな。
放火は女性の犯罪だった。
井上防災相
谷垣財務相
早稲田の学生サークル「スーフリ」が、コンパで女子学生をレイプしていた事件*3の時は…
集団レイプする人はまだ元気があるからいい。
まだ正常に近いんじゃないか。
太田元総務庁長官
女性にもいかにも「してくれ」っていうの、いるじゃない。挑発的な格好しているのが。ボクだって誘惑されちゃうよ。これから夏になるしね。女性も悪いんだから。フラフラ、出来心でやっちゃうってこともあるでしょ。
福田官房長官
拉致家族*4について…
年寄りだから、曽我さんのお母さんなんか殺されたんでしょ、その場で。
石原東京都知事
治者の言葉が、「私」語に堕したとき、日本社会の隅々まで、人間関係に必要な言葉も、そして振る舞いも、「私」心、「私」欲、むき出しの様相を呈していた。
深刻化！児童虐待
中1元教え子を「レイプする」
小学校教師
イラク人質事件
「甘ったれるな！」悲憤慷慨メッセージ総集編
「私のいるクラスうざってー」
「高慢でジコマンなデブスや」
佐世保・加害女児

『わしズム』の特集で、秘書・みなちゃんが太宰府に取材に行く。縁切りの神様だから一人で行くと言う。

私、先生の仕事との縁を切られたくないですから。

太宰府は最高のデート・スポットなのだが、わしも一緒に行った女とは別れてしまったものだ。

え〜〜〜〜〜〜〜っ
誰と行ったんですか、先生？

素晴らしい女性だった。顔もスタイルも知性も…

ただ、ちょっと心が貪欲だったかな？

へへーーん。

そろそろ別れたいと思った女をだまして連れて行ったんでしょう？

深く愛してくれていたけど、これ以上、付き合っても彼女が苦しむだけだから、密かに神様に願を掛けに行ったのさ。

ほーほー
やっぱり、だまして連れて行ったんじゃないですかーーーっ
ものすごく、わしのこと悪く解釈するね、みなちゃんって…

違うって！

違わない！

わしはホテルに戻ってラウンジで本を読む。

読みたくて読む本じゃない。時節を研究するために頼まれて読む本だ。

略して「セカ中*」と呼ぶらしい。

普段、「公」のことばかり考えているから、たまには「私」的なものを読んでみるのもいいだろう。

今時、白血病で死ぬ少女の話か…

昔、「愛と死をみつめて」というのがあったが…吉永小百合と浜田光夫で映画化されて大ヒットしたっけ。

古い名作で伊藤左千夫の「野菊の墓」という小説もある。

野菊の墓
学生の頃は「中学1年コース」とかいう学習誌があって、恋愛小説の付録がついてたが、あれに似てるな、コレ…

一年コース
初恋
「セカ中」では、高校生の主人公「僕」が、死んだ初恋の女を回顧する筋立てになっている。

男にも女にも、人格の魅力が感じられない。

でも、泣かせるための悲恋と予め誰にも了解されたストーリーが進行していく。

＊セカチュー―発行部数300万部以上を記録した片山恭一の恋愛小説『世界の中心で、愛をさけぶ』の略称。映画化、テレビドラマ化、漫画化などされ、2003～2004年に大ヒットし、純愛ブームを巻き起こす。

驚いたのは
主人公の祖父の
結ばれなかった
初恋の話だ。
このじーさんは、
妻が先に逝った後でも、
まだ初恋の女のことが
忘れられない。
自分が死んだら
初恋の女の骨と
一緒になりたいから、
孫に墓掘りを
手伝ってくれと頼むのだ。
うわっ…
きも…!
これは自分の妻への
裏切りではないか!
そんな
幼稚なじじいって
いるのだろうか?
今や、結婚するまでに
3人、4人、多い場合は
10人くらいの男と
軽くセックスする女が、
「セカ中」にはまり…
自分の夫への
幻想が
潰えてしまった
中年女が「冬ソナ」
ヨンさまにはまり
「純愛」に
憧れている!
「セカ中」の主人公は
白血病の女を
一途に愛す。
「僕」が
恋人を
病院から
連れ出して、
彼女の憧れの
オーストラリアに
行こうと
する時に、
空港でとうとう
彼女、倒れちゃった。
助けてください!
これで若い女
300万人が
どぺ——っと
涙して大ヒットだ。

ふざけるな
これのどこが「純愛」だ?
こんなものに今の女は感動してたのか!
助けてください、神様!
今の女どもは純愛とは何かを知らないのです!
大きな勘違いをしてる女どもを罰しないでください!
これは時代のせいなのです。
馬鹿な女どもを助けてください!

あっ、みなちゃん！これ読んだって言ってたでしょ？
泣けたの？
全然。ありがちな設定でしらけるなァと思って。
まったく泣けなかったよ。
変じゃないか。世の中の女はみんな泣いてるそうだぞ。
みなちゃんは冷酷な女だからか？
失礼な！私は不治の病になったら、愛する人の前から失踪するタイプなの！
げげっけなげじゃないか！
そうですとも。先生、まだ私をわかってないね。
ちなみにチーフの広井さんはこの本で泣いたって言ってたよ。
え〜〜〜〜っ
チーフ・広井が「セカ中」で泣いた！
男なのに泣いた！
300万の浅はかな女と共に泣いた！
純愛か…思えばわしも純愛だらけの人生だった。
純愛だらけ？
うむ。不純愛なんかいっぺんもなかったね。
純愛に次ぐ純愛。
間断なき純愛の連鎖。
純愛と純愛が重なってた時もまま、あった。
ええ〜〜〜っ
!?
純愛が重なってた〜〜〜〜？

もうどっちの純愛を
選んでいいか
わからなくなってね、
どっちからも
責められて
泥沼の純愛に
はまってしまって…
助けてください！
そ…そんなの純愛って言いません！
わしのことを今後、純愛大将って呼んでくれ！
そんな変な呼び方しませんっ！
「セカ中」ブームの背景には、女からも男からも「公」的言葉やふるまいが失われた今日の無残さがある。
今時の女はただひたすらナルシシズムに浸りたいだけである。
実に軽く何人もの男とのセックス体験があるにも拘らず、まだ自分を純粋な女だと、男に見られたいらしい。
彼女らは男に自分を美化してほしい、肯定してほしい、別れても一生自分だけを美化したまま愛しつづけてほしいと願っている。
だが、長い間付き合っていれば、どうしても自分の醜悪さを隠し通せず、ボロが出る。
SB

だから早めに死んでしまえば、自分の本性はバレずに済む。

そこで安易に病気として憧れるのは白血病である。

そんな「私」中心の考えの女が、もし本当に白血病になったら、苦痛で人様に醜態さらして男も逃げていくのがオチなのだが、勝手に白血病を美化して都合のいい夢を見ているのだ。

PWF
彼女たちにとっては、「愛する」ことよりも「愛される」ことの方が重要なのだ。

とことん「私」にしか、興味がないのである。

「セカ中」はやっぱり「自己中」なのだ。

そもそも女が死んでナルシシズムに酔い、男が生き残って愛を引きずるという、このみっともない世界は何なのだ?

戦前までは、男が死を覚悟していて、女・子供を守るため「公」のために戦うからこそ、
女は真剣に男に惚れるのだった。

それが「純愛」なのだ!

純愛は、「私」に耽溺《たんでき》する女に尽くして生き残る男によっては、生まれない。
「公」のために戦って死ぬ男に尽くす女によって、語り継がれるのだ！
碑文には、こうある。
「國敗れて山河なし
生きてかひなき命なら
死して護國の鬼たらむ
死なないで…
小林よしのり
小林よしのり
小林よしのり
3
男たちの顔は
スッキリしていた
という

戦後60年経ったら、
男と女の立場が
逆になってしまった。

女性誌では化粧も男に媚びるためのものではないと言われている。

自分のため、むしろ同性の視線を意識して化粧するなんて言われる。

ナルシシズムのための化粧だ。

戦前の男のように、今の女が「公」のために死にたいわけではない。

今の女は、「自己満足」のために死ぬ甘い夢を見るだけ。

「私」のために生きて、「私」のために死ぬのが女。

そういう女に尽くすのが男。

それが現代の構図だ。

「冬ソナ」が火を点けたのか、日本の主婦が韓国の男優に熱狂している。

サヨクは日韓交流に喜ばしいと思っているのだろうが、彼女たちの深層心理はそんな甘いものではない。

彼らと日本の男の決定的な違いは、彼らが徴兵制のある国から来た男たちだということだ。

日本の主婦たちは、「日本にも徴兵制を導入せよ」と言えばいいじゃないか!

アメリカによる「日本の解放・民主化」の占領政策が、日本人の「私」のみを肥大させ、「公」への関心を失わせてしまった。

そして、ついには皇室に対する国民の敬意まで危うさを感じる状況になっている。

政治家も
「公」的な言葉を忘れ、
「私」語を吐いて、
恥じることもなく……
若い娘も、主婦も、
「私」にしか関心がなく、
ありのままの「私」を
美化し、愛してくれと
男に要求し……
男たちは
「公」的なふるまいで
女たちに真の「純愛」を
体験させる器量も
なくなった。
ごーまんかまして
よかですか？
「私を見て！」の
欲望の中に
「純愛」など
あり得ない！
哀れな女どもを
救うためには、
男たちが
死を賭けるしか
ないのだぞ！

Part 1
「恋愛」「結婚」をごまかしていませんか？
解説

純愛も婚活も、うまくいかない理由

「流行の恋愛」を一刀両断！

よしりん　恋愛や結婚をしている人を「勝ち組」、そうでない人を「負け組」なんて言う風潮もあったけど、くだらない話だよね。うちのスタッフを見ろ。結婚しただけで自分が「勝ち組」になったかのように舞い上がってた男が、離婚してまた「負け組」になったと意気消沈している（笑）。

みなぼん　人生どう転がるかわからないですからね。

トッキー　いつの世でも、その時代その時代にブームとなる恋愛のモデルが小説やドラマや映画に登場するわけですが、先生はいつもそういう「流行《はや》りの恋愛」に批判的ですね。調べてみたら、『ゴー宣』では1992年、連載開始3回目で早くも、当時の「トレンディドラマ」のブームを背景に相次いで出版されていた「恋愛論」を笑い飛ばしてました。

そして今回の収録作品でも、「韓流」も「セカ中」も結局は「自己愛」だと一刀両断です。

よしりん　それで今は「婚活ブーム」でしょ？　必死で結婚活動をしなければいけない、絶対に損しない男を探さなければというような話で、これも「自己愛」だよね。何も変わっていない。

トッキー　バブルのころは「トレンディな恋愛」で、不

況になったら「婚活」なんだから露骨なもんですねえ。

よしりん　藤原紀香が結婚した時は、そんな時代の流れを敏感に察知した30代女のサバイバルのための「現実主義的・打算的結婚」の象徴みたいなものを感じて、たくましいなあと思ったものだけど、あっさり別れちゃったな。

みなぼん　あれは男の浮気が原因だったでしょ？

よしりん　単にそれだけで別れたとも思えないんだよね。だって、男が浮気するのくらいは当たり前だもん。

みなぼん　そうですか？

よしりん　え？　違う？

みなぼん　……ここで先生に反論しても実りがないからやめときます。男の浮気の正当性を論理的に滔々と語られそうだから(笑)。

よしりん　悪いこと言うね、こいつ！(笑)。

とにかく、浮気ひとつでは離婚の原因にはならん。

男のほうは未練たらたらで、一生懸命謝ろうとしたけど、紀香は許さなかったわけでしょ。あれはすごいよ〜、女の狡猾さが。結婚してもいまひとつ自分の商品価値が上がらなかったし、このへんで脱皮しようというところで「渡りに船」だったんじゃないの。そういうところが芸能人にはあるからね。「現実主義的結婚」をして「現実主義的離婚」をしたのかもしれないね。

トッキー　芸能人のケースはちょっと特殊ですからね。

よしりん　一般人の中に現れた「婚活」みたいなものは、今は結婚しても安心して子供も産めない状況なのに、結婚はするべきだと圧力をかけられたとか、あるいは不況で社会が逼迫しているから結婚したほうが得じゃないか、「勝ち組」の男に乗っかるべきじゃないかと思ってあせるといった心理から発生しているわけでしょう。

それはいわば「現実主義的・打算的」にサバイバルのためにやっていることかもしれない。けれども、本当ならその中で行われる恋愛とか結婚でも、「自己愛」に終わらないものがあるはずなんだよね。

恋愛というのは不思議なところがあって、なんでこんな人を好きになったんだろうとか、わけのわからないことがいくらでもあるんだから、何か妙なきっかけがあったら、誰とだって結婚できるんだよ、本当は(笑)。

戦前だったら、親同士で決めた許婚《いいなずけ》だからとか、結婚するときに初めて相手の顔を見たなんていうのもあったわけで、それでも好きになろうと思えばなれるんでしょう。

みなぼん　それは恋愛じゃなくて「情」じゃないんですか？

よしりん　いや、例えば篤姫が政略結婚みたいなもので徳川家定に嫁いでくる。それでも好きになるんだよ。

それが恋愛じゃないのかといえば、やっぱり恋愛なんだ。情だけということではなくて、やっぱりその人の中の尊敬すべきところを見つけて惚れちゃう。そういうものでしょう？

みなぼん　先生は男だから、どっちかというと女が惚れてくるイメージが強いんだけど、そもそも今の男のほうにだって、女をちゃんと惚れさせる魅力があるのだろうかと、女の目線としては疑問に思ったりするんですよね。

よしりん　それはね〜、やっぱり戦争も兵役もないからなんだよね。いきなりそんな話に飛ぶけれど(笑)。

純愛幻想は宗教の代替品

みなぼん　日本人って「純愛」が好きなのかな。「韓流」も『セカ中』も「純愛」って言われてたし、オジサンたちがハマった渡辺淳一の『失楽園』や『愛の流刑地』なんかも、「純愛小説」って触れ込みでしたよね。

よしりん　韓流ブームに乗るオバサンも、渡辺淳一に乗るおっさんも、それが「純愛」だと思い込んでいるわけだね。「不倫」という形ででも「純愛」なるものにものすごく憧れている人がいる。そんな時期はとっくに過ぎているのに。

やっぱり、オッサン・オバサンの日常って、ものすごく退屈なんだろうね。韓流おっかけをやっているオバサンたちなんて、ものすごく時間がある。韓流ドラマのDVDをムチャクチャ見ているわけだからね。

うちの母親は氷川きよしの追っかけをやっているけど、時間だけじゃなくてお金にも余裕があるから、コンサートのたびに発売される、一本何千円もする新しい色が出るペンライトも必ず買う。イベントに当たるために、CDについている応募券が必要だから、一人で同じCDを5枚も10枚も買う。

結局こういうのは、宗教の代わりだよね。変な宗教にハマるよりはマシだと思って、家族もほったらかしているわけでしょう。うちの母親なんか、もう旦那もおらんし、あとは死ぬだけで(笑)、何を活力に生きていくかと言ったら、やっぱり氷川きよししかいないんだから、しょうがないよね。ありがたいと思っておくしかない。

みなぼん　先生のお母さんはいま、日常を退屈だと思ってはいないでしょうからね。

よしりん　「韓流」も宗教なんだよ。まったく純粋なものとか、絶対的なものがあるはずだという思いがあって、それが奇妙な形で現れてくるんだよね。

　オバサンたちは、あくまでも韓流スターを純粋なものと思って見ているわけでしょ。日本人俳優だったらすぐスキャンダルなんかが出てくるし、それ以前に、同じ日本人だからニュアンスで自分と地続きだということを感じてしまう。それが韓国人だと、とたんに地続きの感覚がなくなって、純粋な天上人が降りてきたかのような感覚になっちゃうわけだな。

トッキー　実在の人間というより、アニメのキャラみたいな感覚ですかね。

よしりん　アニメオタクにとっては、アニメキャラがやっぱり天上人なんだよ。世俗に毒されていないものがアニメの中にあったり、韓流ドラマにあったりするという感覚でしょう。韓流スターもそのイメージを壊さないように振る舞っている。日本人のスターは常にマスコミの目に晒されて、日常性を見せるじゃない。でもペ・ヨンジュンなんかはイメージをとにかく守って、日本人のファンに向かって「ご家族のみなさま、待っていてください。ボクはとてもうれしいデス」なんて言う。

みなぼん　あれを日本人が言ったら気持ち悪いですよ(笑)。

よしりん　あれを言っても「おいおいっ!」って突っ込まれないためには、日本人と地続きじゃない雰囲気が必要。しかし白人ではダメ。

　韓国人なら通用するというのは、さっきもちょっと言ったけど、やっぱり兵役の義務がある国民だからじゃないかと思うんだよね。兵役につけば、一定期間自堕落な生活からは離脱しなければならない。そういう人間のほうが、世俗の垢にまみれた雰囲気を除去できるんじゃないかね。

　その点、日本の俳優は自堕落な日常がずっと続いていて、そこから離脱することがないから、浄化された雰囲気を出すことができないんだと思う。

ペ・ヨンジュンは視力が悪かったために兵役についていないけど、それを後ろめたく思っているはずだよ。武人のようなイメージは一切出さないけれど、身体はムキムキに鍛えている。あれは兵役に行っていないコンプレックスかもしれないでしょう。

でも韓流ドラマがいくら純粋なものを描いていても、実際の韓国は儒教の影響が強い男尊女卑の社会だから、芸能界もプロデューサーが女性タレントを食い物にしているとか、事務所が女性タレントに「枕営業」を強要しているとか、本当はスキャンダルだらけなんだけど、日本人はそんなことは全然知らない。

トッキー　韓流追っかけオバサンが韓国で暮らせるわけがないですよね。

よしりん　もちろんだよ。呉善花の『スカートの風』くらい読めと言いたいけどね。

みなぼん　そういえば、韓流ブームにだまされて韓国人と結婚した女の人が、ものすごくひどい目に遭っているという話がありましたね。

よしりん　儒教社会では家のために尽くさなければならなくて、嫁姑の関係も厳しいし、徹底的に封建的で、葬式なんかでは親戚が並ぶ順列がしっかり決まっていて、日本から来た嫁なんか最下位中の最下位に座らなければならない。そういうことが全部隠されているんだから。

トッキー　韓流ブームで韓国に対する理解が深まったなんて、とんでもないですね。

よしりん　まったくのウソだけを流してだましている。実際の韓国社会のことは何も知らないわけだからね。でも、いくら現実はこうだと言ったって、オバサンは「そんなの私たちには関係なーい！」って言うだろうね。純粋なものがあるはずだ、絶対的なものがあるはずだという宗教への憧れだから、それは仕方がない。

ペ・ヨンジュンが竹島は韓国領だと言ったからと、オバサンたちが「竹島は韓国のものだ！」と言い出したら、それは絶対許されないけれど、「公」を害さない限りはやむを得ない。自分の旦那も、自分の家族も、毎日の生活も何一つ生きがいにならなくて、韓流スターしか生きがいがないんでしょうから。

１９９５年ごろ、わしは薬害エイズ事件で国や製薬会社の責任を追及する市民運動に関わったことがあるけど、運動に参加した学生の一部は、国や製薬会社が責任を認め、運動の使命が終わっても、その後も市民運動を延々と続けようとした。退屈な日常に帰りたくない、「ボクたちは正しいことをしてるんだよ〜！」という快感に酔った非日常への逃避だったわけだけれど、これも同じだね。

トッキー　オバサンたち、もっと日常に目を向けてくれ、自分の夫や子どもくらい、立派な男にしてくれというのが、先生が作品に描いた主張だったわけですよね。

よしりん　うちの母親のように歳をとったら、奉仕活動でもすればもっと有意義なんだろうけどね。近くの公園を清掃して、デートしている若者なんかを眺めて、私が公園をきれいにしたから、こういう恋も芽生えているのね〜とか思えるような人物になっていればいいんだけど、なかなかそうはならないものなんだね。悲しいもんだねえ。

トッキー　カルト的じゃない、本当の宗教がちゃんとあればいいんですけれどもね。

よしりん　人間はどうしても絶対的な価値を求めてしまうもので、宗教に熱中できれば、日常の中に活気づけるものを見出せるんだけど、たちの悪い宗教なんかは、そういう心理を食い物にするためにいろんな商品を出してきて、あれ買えこれ買えと迫ってくるからな。しかも日本には一神教が存在しないから、なおのこと絶対的価値を求める心を満足させるのは難しい。

その点、実は皇室への尊崇というものが、最も日本人になじむ信仰のありかたとして昔から存在していたわけだよ。

キリスト教などは信者に犠牲を求めるけど、天皇陛下は国民に犠牲を求めることはない。それどころか毎日毎日、一方的に国民の平穏を祈って下さる。詳しくは、わしの『天皇論』（小学館）を読めばわかる。

天皇陛下にはあれ買えこれ買えなんてものはない。日常からの逃避を誘って楽しませるために、いろんなプランを全部設定して、手を替え品を替えサービスすることはない。どこにも商売という感覚はなく、ただひたすら国民のために無私の祈りを捧げておられる。

だから、われわれはいくら天皇を尊崇しても、普段はどうしても日常に目を向けておかなければならないので、これはカルトになりようがない。最も穏やかに、絶対を求める心に応えて下さるわけで、そこがいいところだと思うね。

よしりん推奨の「純愛」とは?

トッキー　『セカ中』もすごいブームになったけど、これももう6年前になりますね。

よしりん　最近は『赤い糸』でしょ。ケータイ小説から人気が出て、ドラマや映画になった、ジェットコースターみたいに数奇なストーリーが連続するやつ。

みなぼん　あれも「純愛」って言ってるね。

よしりん　高校生くらいで『セカ中』にはまった読者も、もう社会人になったくらいだろう。早いもんだよ、たちまち時代は過ぎ去って、次の恋愛ドラマの時代がやってくる。いつでも常に時代は「純愛」を求めてはいるよ。

トッキー　先生は常にそういう「純愛」には批判的に見えますが、では先生の考える「純愛」とはどういうものなのでしょうか?

よしりん　例えば谷崎潤一郎の『春琴抄』なんか、男が女のために自分の目を針で突いて自ら盲目になっちゃう。すごい話なんだよ。

トッキー　あれは盲目の三味線の美人師匠・春琴とその弟子・佐助の話で、最後に春琴が顔に大やけどを負ってしまい、佐助はその顔を見ないようにするために、自分の目を突くんですね。

よしりん　これが純愛だよね。

みなぼん　…………(長〜い沈黙)。

よしりん　(少しあせり出して)え?　みなぼん、わかんない?

　あなたの美しい姿だけを永遠に留めておく、そのために自分の目を潰してしまうというんだから、これは自己犠牲の精神でしょ?「自己中」の世界とはものすごい隔たりがある。

トッキー　先生の「恋愛はどとーである」という持論には、確かに合ってると思いますが。

よしりん　こういうのを今の若い人が見たら、「うわっ、変態!」と思うんだろうね。恋愛とは思わない。「異常性愛」と思うんじゃないかな。これで感動するかね?

みなぼん　「顔が醜くなっても、君の心は変わらないよ」なんてハッピーエンドよりは説得力があるかなとは思うけど……。

トッキー　『春琴抄』では、春琴はわがままに育ったお嬢さんで、佐助は徹底的に尽くしまくるんですよ。完全な主従関係があって、それを崩したくないから佐助は目を突くんです。

よしりん そうそう、そうだった。確かにこれは谷崎潤一郎の世界で……やっぱり変態かね、これ？（笑）。女があくまでも上位で、男が下位じゃなきゃいけないのに、女の顔が醜くなることでその関係が逆転してしまって、ＳＭの関係が壊れちゃうから、男は「もっともっと下に行ってやるからなー！」てな感じで（笑）、目を突いたんだもんな。

男は「あくまでも下位の立場は譲らないぞ！」という生き方を選んだんだ。そういう生き方だってあるんだよ、下位だからこそ快感が得られるという。

みなぼん まあ、これも「人にはそれぞれ身の修め方がある」という話でまとめておきましょう。

Part 2

「自由・平等」の家族は理想ですか？

ゴーマニズム宣言 PREMIUM 修身論

盲導犬の「犬権」を守れ

今もうれつに忙しくてよしりん企画には休日がない
ポカQやナツちゃんは仕事中 脱け出して銭湯に行ってくる
わしはみなの労をねぎらって社長としてかんろく たっぷりにケーキを買って行く
いちごのショートをば2コ
ブルーベリィのタルトをば2コ
その横のあずき入りのシュークリームをば2コ
計6個くだされ
なにしろわしのかんろくたっぷりなことと言ったらない
たまたまかんろくが服着てこのくだらん時代を歩いてるようなもので…

立って かんろく
寝て かんろく
スキップしたら かんろく 爆発！
服を脱いだら かんろくが かんなな かんぱちと パワーアップしそうで こわくて こわくて…
お茶の時は わしが かんろく たっぷりに
あっ わし あずき入りの シューね
…と 秘書に頼み みなの話を 聞いてやってると…
今日 銭湯に すごいナマイキな ガキがいましたよ
ほー
きみが ガキってゆう？
7～8歳くらいの 女の子で父母と 3人で来たみたいで…
じゃ お父さん 先に帰る から みっちゃんに 家の鍵 渡して こっちに 持って来させて くれない かな？
は——い みっちゃん これ持って ってくれる？
女
男
←ナッちゃん初の セミヌード！
なあに〜〜〜イ 子供に鍵を あずけるなんて サイテー——！
そのなまいきな 口のきき方に私 すっごいハラがたって
怒りで真っ赤に なっちゃいましたよ

う〜〜む ナッちゃん 君の怒りは正当だな
わしはかんろくたっぷりにうなずいた
あっしもコンビニですごいの見ました
はいポカQ 落ち着いて言ってごらん
わしはかんろくたっぷりに指名した
小学5年生くらいの男の子が母親に…
ったく 早くしろよ モタモタしやがってよ——
だって今 買っておかないと おにぎりだって いるでしょう?
夜 おなか すいたって 言わない?
んなのハラへったら へったで また 買いにくりゃ いいだろ——よ テメーがよォ
早くしろって てんだろ——
ジュースも 買っておこうか どっちがいい?
こっちだよ そんなもん どっちだって いいんだよ ったく モタモタ しやがって 早くしろー
…ってな調子で ず——っと喋ってんだけど…
それって完全に ダンナじゃん!
ダンナじゃん!
わしは かんろくたっぷりに そーとー頭にきた
あっしはそんな 口をきくガキも ガキだけど
公衆の面前で そんな口のきき方 されて 全然 恥ずかしいとも 思ってない母親の方に ハラが立ったね

わしが中学の時
友達の家に遊びに行くと
そいつが母親に話しかける
言葉を聞いてびっくりした
こんにちはー おじゃまします
あら お友達?
なんね あんた 帰ってきとったとね?
あんたのことや から出とると 思っとった
あんた?
母親に「あんた」って言うのか?
いつもあんなふーに「あんた」ってゆーの?
うちはそーやぜ
す…すげえなァ
わしは興奮して親に報告した
すごいんだよ そいつの家庭 親を「あんた」と呼んで 友達みたいにつきあってるんだ いいなァ
…すると 親が言ったもんだ…
何がいいんだ?
きしょくわる〜〜い
バカなんじゃないか? その親…
そんな気色の悪い友達とつきあいなさんな!
にべもなかった
わしは恥ずかしくなった
親とタメ口きくのを
進歩的で革新的で
カッコイイことだと思い
のぼせ上がっていた自分が
単純なバカだと思った
あれから20数年経ったら
今の日本
親も教師もみーーんな
子供と友達のように
つきあっている
日本全土気色悪い親子列島だ

最近ほんっとに
しつけがなってないよ
自由・放任・個性
主体性ばっかりで
自由
放任
個性
主体性
要するに
野放しだ
わしは
かんろくたっぷりに
本質をついた
ほんと しつけの悪い
ガキなんて しつけの
行き届いた動物より
はるかにタチ悪い
最近はペットを
友達だ とか言って
ロクにしつけもしない
からギャンギャン
鳴くだけってのも
多いけど…
盲導犬
なんて
ガキとは
比べ物に
ならないくらい
立派だよ
すごいよね
盲導犬
でもねー
盲導犬を見かけて
いくら「かわいい♡」
と思っても絶対
なでたりしちゃ
いけないんだよ
え？
なんで
どして
？
わしは
かんろくたっぷりに
あせつて聞いた
ほんと？
盲導犬
が？
なんで
立派
なの？
わしは
かんろくたっぷりに
聞いた
だって盲導犬は
任務の途中
だもん
それを
妨害することに
なるからね
ぼーがい
なの？
なでたら
ぼーがい
なの？
すつかり
かんろくたっぷりなわし
盲導犬はむやみに
鳴いちゃいけないし
例えばバスを待ってる
としたら…
バスが来るまで
動いちゃいけないって
教えこまれてるから
他人が手を出しちゃ
いけないんスよ

でもそれをいいことにヒドイことするやつもいて　なでるならまだしもちょっかい出して
おや？何も鳴かないし動きもしない
…ってんで
なんだそりゃ〜〜〜〜っ
鬼畜か〜〜〜〜っ
かんろくたっぷりに頭にくるわし
でもそんな目にあっても盲導犬は吠えることもできないからノイローゼになっちゃうらしいんスよ
タバコの火を押しつけたりするやつまで居たりして…
ジジジ…
かっわいそ〜〜〜おじゃんか〜〜あ
わしはかんろくたっぷりにじたばた泣いた
そうですよかわいそうな盲導犬けなげにがんばってるのに…
えらいよね盲導犬
最近の人間のガキより偉いよね
かんろくたっぷりに賛美したいわしだつた
アウンオンオンオンワウ…
バウバウオウン♡
かんろくたっぷりに読者を無視して盲導犬を励ますわし

最近の親は子供と友達のようにとか子供の人権とか建前ばっかり言って「しつけ」ひとつできないんだから
子供のしつけはいっそトップブリーダーにまかせろって！
ポカQおまえどーしたんだ？
おまえをしつけたのはわしだぞ
わしはかんろくたっぷりにぎょーてんした
最近の親は子供が教育できるようになってから「しつけ」ようとするけどそれじゃあもう手遅れで
本当は「しつけ」がしてあるから教育ができるはずなのにね
その前提である「しつけ」さえできてないのに教育しようって言ってもそりゃあ無駄だよ
広井〜〜〜っナイスですよ〜〜っ
わしがおまえのサリバン先生だったよな〜〜〜！
わしはかんろくたっぷりに奇跡を見た
もう子供のことなんかどうでもいい！
え？
今 中学生がキレてナイフで人を刺すのをハナクソみたいな学者やジャーナリストがもっともらしい解説してテレビは中学生の言い分聞いて もっと大人がわかってやるべきだとか言ってるが…
そもそも中学生に始まった問題じゃあない
小学生なんかもう自由すぎて親や教師をなめきってしまって野生のサル状態ではないか！

平成元年に全部改正された幼稚園指導要領では、総則から「正しい社会的態度」が消え、「教育の基本」は「幼児の主体的な活動を促した生活」「幼児の自発的な活動としての遊び」「幼児一人一人の特性に応じた指導」になっている。また「社会」という項目がなくなり、「人間関係」に変更され、「国旗に親しむ」は、自然や動植物といっしょに「環境」の項に入れられてる。

低学年になればなるほどケモノ同然
平成元年文部省の幼稚園の指導要領が「集団行動に適した教育をする」という項目を主眼に置かなくなり「個性を伸ばす」に変えたため
そこで育った子が小学1年生になるともう何にも先生の言うことなんか聞かずに席を立ってウロウロして現場の先生は困惑しているらしい
算数をしま――す
私は算数はいやだからお絵かきをする～ゥ
今の日本にはもう「大人」がいないのだ
親も教師もみ～んなガキ
ガキがガキを育ててるだけ
「人権」やら「個性」やら戦後の教育は全部 間違ってたのだ
人権
個性
今 問題なのはガキの「人権」よりも盲導犬の「犬権」だ！
ごーまんかましてよかですか？
盲導犬の「犬権」を守れ！
人間のガキを首輪でつなげ！
人間のはたち過ぎのガキどもを保健所に送れ！
わしはかんろくたっぷりかんななかんぱち気味に力説した

ゴーマニズム宣言
PREMIUM
修身論

自由・平等のファミレス・コンビニ・ファーストフード

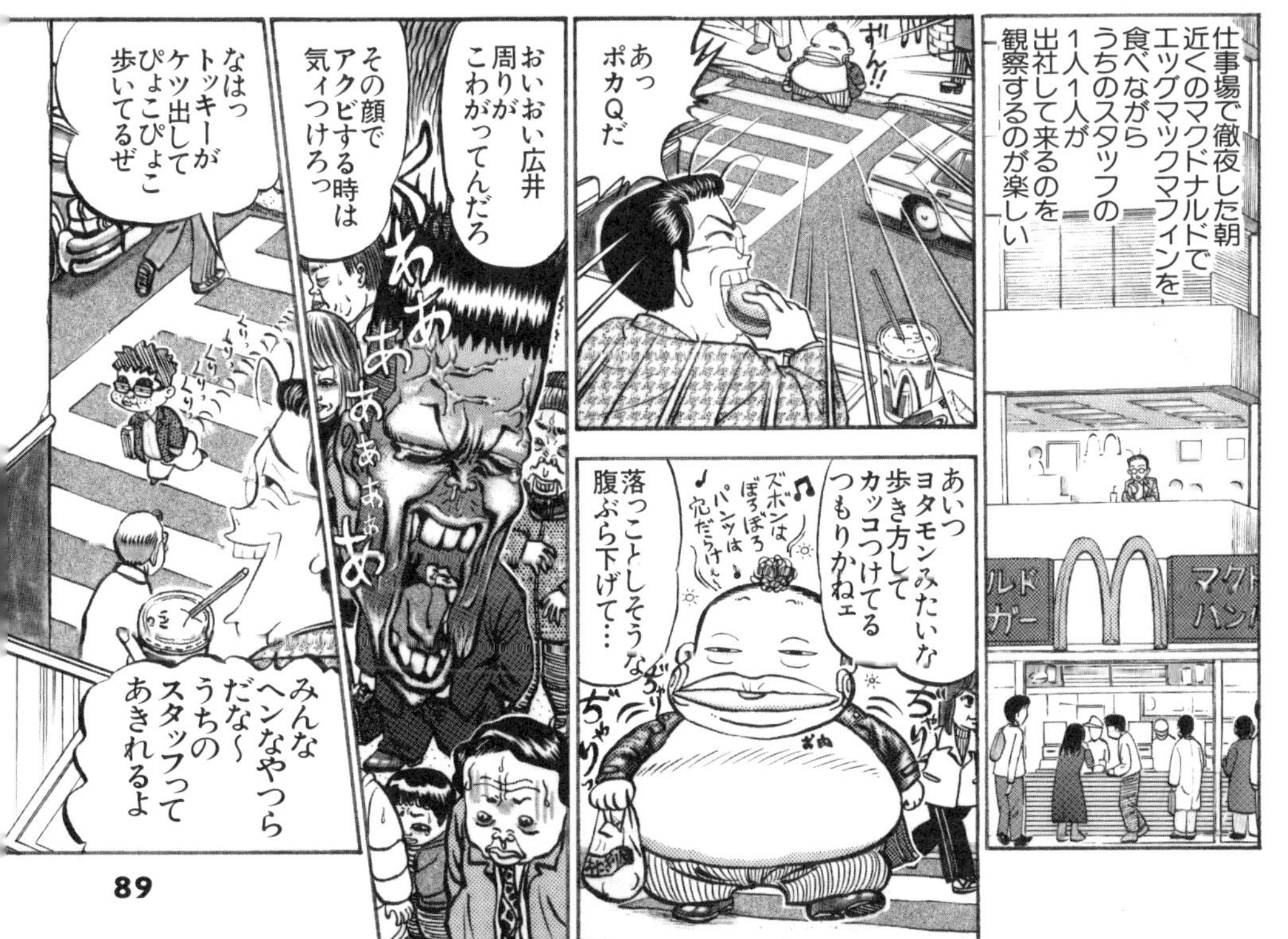

仕事場で徹夜した朝 近くのマクドナルドで エッグマックマフィンを 食べながら うちのスタッフの 1人1人が 出社して来るのを 観察するのが楽しい
マクドナルド ハンバーガー
ずん!!
あっ ポカQだ
あいつ ヨタモンみたいな 歩き方して カッコつけてる つもりかねェ
ズボンは ぼろぼろ パンツは 穴だらけ～♪
落っことしそうな 腹ぶら下げて…
ぢゃりっ
ちゃりっ
おいおい広井 周りが こわがってんだろ
その顔で アクビする時は 気ィつけろっ
ああああああ
なはっ トッキーが ケツ出して ぴょこぴょこ 歩いてるぜ
くりっ くりっ
みんな ヘンなやつら だな～ うちの スタッフって あきれるよ

社長はちゃーーーんとおまえらの異常性を許してやっとるぞ感謝しろ!
なーっはっはっはっ…
わしのような職業の者にはいちいち家に帰ってメシ食う必要もなくてこんな店ってすごく便利
昔「ポパイ」ってアニメでウィンピーがいつも食ってる「ハンバーガー」って食い物がまだ日本では売ってなくて「何なんだろう うまいのかな?」とすごく魅かれたものだが…
こーゆうファーストフードはアメリカニズムだよな
画一的合理主義的に食品を大量販売して家庭の食生活を侵蝕している
カナモリはモス・バーガーが好きだ
先生ぴゃん モス 絶対おいしいからっ
取材の途中で入ってみると階段の途中に「今日のお野菜」の作り主の名が書いてあったりして素材にこだわってるのがわかる
今日のお野菜
・キャベツ…ちばの田中さん
・レタス…さいたまの山本さん
他のハンバーガーショップは注文したらあらかじめ作り置きしておいたものをさっと出すがここは2階で待たねばならない
注文受けてから作り出すからだ
ナンのカレードッグがすごくウマイ!
チリドッグも辛さがイイ!
他のハンバーガーショップは駅前 大型スーパー 学校のそばなど集客が見込める場所に計画的に出店するでしょ
けどモスはフランチャイズで「うち お店を開きたいんです」という人を審査して店をまかすの
立地条件良くなくても味で勝負するって店なのね
はが
おまえってモスの回し者かよ

確かにウマイ！
最近マクドナルドの超低価格攻勢に押され気味らしいがぜひがんばってもらいたい
ハグハグハグ
カナモリが大学時代一人暮らししているマンションの近くに24時間 開いているモスバーガーがあったそうだ
MOS BURGER
24
夜中に勉強していて煮つまったら走って行って
ハンバーガー食べながら耳センして本読んでたという
そんな話を聞くとわしは一瞬 気持ちが軽く曇るのである
古い表現だがこいつはやっぱり現代っ子なんだなァと思ってしまう
女の子が夜中に一人で外出してるなんて…
けれども24時間 明々と店内を照らしているファーストフード・ファミレス コンビニなどがその明るさによって何となく安全を保証し
「女・子供が夜中に外出してはいけない」という常識さえくつがえしてしまっている
塾通いの小学生が帰りにコンビニに立ち寄りながら夜の11時頃帰宅しているような時勢である
アメリカから侵入してきた合理主義・利便主義が日本の常識を犯していく
今はもう女・子供に門限はないのだろうか？
男も女も子供も大人もみーーんな平等で門限はないのだろうか？

最近 夜11時過ぎまで外で遊んで帰宅する女子高生を叱れない親がいるらしい
親自身がいつの間にか深く深く合理主義に犯されてきたからだ
子はそんな親の退廃を見てるからかならずこう言い出す
あんたに私を叱る資格があるの？
親が子を叱る…その基準すらグラついて親が自信を持てなくなっている
もはや退廃した親はこう言い切るところから再出発するしかないのだが…
オレがどんなにみっともなくてもオレはおまえの堕落を許さない！
そして今後自分に掟を課して大人を演じ続けるしかない
今からでも大人を演ってみるしかないのだ！
漫画家の仕事はスタッフ全員で徹夜になることも多い
夜 女の子が買い物に出る時はかならず男がボディーガードすることになっている
カナモリは去年からミニストップで焼きイモを買う楽しみを見つけた
コンビニで焼きイモってのが驚きだが…
あっわしの好きなソフトクリームがある！
フライドチキンやハンバーガーもあるじゃんよ～
最近のコンビニは電気代・電話代などの公共料金の支払いから宅配便の受け付け映画・イベントのチケットまで扱ってるのよ
ふーむ
コンビニは町の冷蔵庫って聞いてたが
そのレベルを超えて将来何か重要な社会生活の中継点になりそうだな

わしはここ十年
リッチな店しか
入ったことなかったし
しばらく
テレビに
出すぎて
顔バレ
しやすく
なってたので
あまり
庶民の暮らしを
見てなかった
最近 テレビをひかえて
メガネを替えて
あまり人に
バレなくなったので
下界を
うろつくように
なってみると
しもじもの
暮らしが
やけに珍しい
例えば
今までバカにしていた
ファミリーレストランが
進化しているのだ
ある日
スカイラーク・グリルに
入ってみたら 何と
2千円で
ディナーコースがある
店のふんいきは
ファミレスに
しては
ずいぶん
高級感を
出している
デニーズにも
行ったが
メニューに
変化があって
豚汁なんか
かなりウマイ
ロイヤルホストには
コックの写真が
飾ってあるのが
驚いた
ハンバーグの
鉄板皿から
油がはじけて
客の服が
汚れないよう
皿の周りに
紙の囲いが
してあるのが
すごい!
ファミレスにしても
コンビニにしても
そのシステムが
日本に輸入された
時点で
日本人は必ず
創意工夫を
加え 独自な
ものにしてしまう
電気料金支払受付
電話料金支払受付
ガス料金支払受付
NHK受信料窓口
宅急便
生命保険料支払
バイク自賠責保険
旅行チケット
これは
「新しい歴史教科書を
つくる会」の
近現代史の
ドラフト会議で
理事たちが
話してた
のだが…
日本人は昔から
鉄砲でも
鉄道でも
自転車を
オートバイに
しちゃったり
するのでも
形・ハード
さえあれば
その仕組み
ソフトが
なくても
見よう
見まねで
作ってしまい
ちゃんと
動かすことが
できた
作った本人の
鍛冶屋の
オヤジなどは
何でコレが
動くのか
わからなかった
という
昔から日本人は
具体的なものには
強かったけど
抽象概念を考えるのに
向かなかったようだ

最近 仕事場近くの 串焼き屋に入ってみたら ９００円で昼定食があり
付け合わせの惣菜は バイキング方式
コーヒーも セルフサービスで好きなだけ
う～ん うまい！ 充実！
作ってる おやっさんや あんちゃんの 顔が見えて 今日の味つけの 具合が しっかりわかる こんな個人の 店って、やっぱ 安心するな～
ただ お茶持ってくる このおばさん 愛想良くないな～
マニュアルでも 愛想良くする ファミレスに 顧客接待という サービスの点だけが 負けちゃうな～
そもそも 人の関係性を 大事にし 人の心の機微に 濃《こま》やかで 人に奉仕する ことを 喜ぶのも 昔からの 日本人の 特徴だったのだ
オラオラ～！ 迷子だ迷子だ！
お母さんは どこだ べらぼーめい！！
アメリカでは 親は子に 小さい時から 自分の意志を はっきり 表現させる
SAY YES OR NO！
と 意思表示を 迫る教育をする
大月隆寛いわく…
昔 日本には 「村の寄り合い 民主主義」と いうのがあった
一日中 村の 井戸端みたいな所に 座り込んで モヤモヤやっている
各人の気持ちを 独りごとのように 言ったりはしているが 議論には 遠く及ばない
そんな中での 各人の気持ちの流れや 空気を読みとって 村長が「こんなところかな？」 という具合に 村の決定事項にする
そこには 「私の感覚は 私一人だけのもの ではない 他の人も 共有しているはず つながっているはずだ」 という確信がある
そこには 世間に対する 地続きの感覚 と信頼がある
こんな日本社会では 例えばマーケティングに 対する信用のあり方が 全然 違ってくる
アメリカでは そこで出た データに 徹底的に 信頼を置くが 日本では
まあこれはこれで 参考にして…
くらいの扱いになって
むしろ自分だったら こんなモノがいい と思う
自分が そう思うのだから 他の人もそう 思ってるはずだ
という感覚の方を 大事にする傾向がある

そして日本人は人を喜ばせたらうれしい
相手も当然感謝してくれているだろうと思ってしまう民族だ
おせっかいが大和魂
大きなお世話が大和魂
海外でずっと外国の飛行機に乗った後で帰国の時日本の航空会社の便に乗ったら…
あの日本人のスチュワーデスたちの接客態度の繊細さ柔和さ明るさにわしは心から安心して感謝するのである
意に反して相手に感謝されなかったら怒ってキレてしまったりもする
と言えるかもしれない
できることならスチュワーデスの胸に顔をうずめて一人の赤子となって乳を吸いつくしたい
いっそ胎児となって子宮にもぐり込んで日本で産まれたい
甘えていると笑わば笑え！
わしはマニュアルで語りつくせない日本人の奉仕の精神が好きさっ!!
日本に上陸したコンビニやファミレスやファーストフードの店も日本に来たからには〝おせっかい〟を身につけねば発展はしなかっただろう
NHK・NTT料金
ゲームソフト販
DPE
コピー
〝かゆい所に手が届くような〟という表現がある
美容院でも聞かれる
どこかおかゆい所はございませんか？
脳天のうず巻のやや後ろがわがちょいとね
日本はアメリカのシステムを〝大味〟のまま受け入れることを決してよしとしない
やがて〝かゆい所に手が届くような〟ジャパニズムに改良して世界へ輸出し始めるに違いない

しかし システムの日本的変容の問題よりもアメリカから入ってくる大量消費の合理的システムが
だれにも「平等」に消費できて
だれにも「自由」に選択できる
…という まさに「自由」「平等」の価値を日本で実現させていることに問題があるのであって…
その「自由」「平等」の価値の前に
日本の大人も子供も男も女もみな精神が平板化され差異を失くし
大人が大人としてふるまえず男が男としてふるまえなくなっている
昔は「消費できれば自立」ではなかったはずだ
アメリカニズムがもたらすこの錯覚は日本人の精神をどこまでも幼稚化させている
おじさんもおばさんも みんな覚悟なく幼稚なままである
わしはやはり3回食ったらファミレスの味もあきたので高級料理店でプロの味を食すことにする
むろん家庭料理が最高だし
せいぜい町の職人の店で食うことにしたい
ごーまんかましてよかですか?
まず意識することが抵抗の拠点だ
アメリカニズムを意識しろ
大人を演じることからやり直しだ!

解説

行き過ぎた平等主義が、家庭も学校も崩壊させた

夫婦別姓に反対する本当の理由

トッキー　世の中は決して平等ではない。強者もいれば弱者もいる。子供のうちにこの真理を思い知らされ、壁にぶちあたる経験をするというのは決定的に大事なことですよね。

よしりん　家庭でそれを教えないから、自分の等身大が見えない、自我の肥大した子供ばかりが作られているわけだね。

みなぼん　この収録作品は10年以上前に発表したものですが、このころからほとんど状況は変わってないですね、学校で子供が集団行動をできないとか。

トッキー　芸能人が子供つくって家庭を売りにし始めると、大抵はあいかわらず「友達親子」が理想だというモデルを振りまいていて、「親子関係まで自由・平等で本当にいいのか？」という懐疑はいつまでたっても広まらないですからね。

よしりん　夫婦別姓の議論も同じだよね。夫婦別姓を推進したい人は、夫は夫、妻は妻の名字で「対等」になりたいと思っているわけでしょ？　夫の名字に統一されたら主従関係ができて、男のほうが「上」になったような気がしていやだというだけのことでしょう。

トッキー　じゃあ妻の名字に統一すりゃいいんじゃな

いの。どっちを選んでもいいんだから。

みなぼん　議論で出てくるのは、名字が変わると職場などで不便になるからという理由ですね。

よしりん　でも職場では通名使用が認められていて、旧姓を名乗り続けてもいいんだから、そんなのは理由にならない。

　それに、名字が変わったら不便だというなら、松任谷由実はどうなの？　荒井由実が結婚して松任谷由実になっても、ずっとヒット曲を出し続けたじゃない。わしは最初、「荒井由実」でなじんでいたのに、なんで「松任谷」なんて読みにくい名前にするんだろう、芸能人なんだから芸名まで変えることないのにと思っていたけど、数年後にはなじんでしまった。

　名字が変わったら仕事にさしさわるなんて言ってるのは、単に仕事の実力がない、情けないやつだとしか思えない。名前の存在感よりも、自分の存在感があればいいだけで、名前なんか変えたって何もかまわないじゃないの。

トッキー　名前なんて後からついてくるものだということは、もう16年も前に『ゴー宣』で描いてますね。先生が子供時代、「善範」という名前がカッコ悪いと父親に文句を言って。

みなぼん　お父さんが「善範」は「善の模範」やぞ！って言ったんですよね。

よしりん　それで親父が、佐藤栄作とか、田中角栄とか、大きな仕事をした人間の名前は立派そうに感じるけど、本当は栄作やぞ、角栄やぞ！って言ったんだよね。角栄なんて、子供のころはバカにされていた名前のはずなのに、偉業を成したら立派な名前のように感じるだろうと。

「善範」って名前は親父がつけたものだから、これは立派な名前なんだぞと言うかと思ってたら、そうではなくて、お前が何をするかだと言ったんだ。要所要所で立派なことを言ったんだよね、平凡で神経質なだけの親父だったのに(笑)。

　これが真理で、名前が大きくなるか、小さくなるかは本人が何をするか次第なんだから、「名字が変わるなんてヤダー！」なんて幼稚なこと言うなって話だよ。

　仕事にさしさわるから夫婦別姓がいいなんていうのはまったくの口実であって、そんな些細なことで法制度から全部変えようなんて話になるはずがない。本当の理由は、男の姓に統一されるのが、男女平等じゃないような気がするからでしょう。男女平等を推し進めたいというのが本音の本音。だからそういう連中は夫を「主人」と呼ぶのを嫌う。「旦那」でもだめ。「奥さん」と呼ばれるのもイヤ。

トッキー 「妻さん」「夫さん」と呼ばなきゃならなくなっちゃう。

みなぽん 夫が外で「うちの愚妻が」とか言うのもすごくいやがるよね。

よしりん まあ、「愚妻」というのは日本人の奥ゆかしさの極限で、これは過剰じゃないかとわしは思ってるけどね。妻が「うちの愚夫が」とか、「うちの愚図が」とか言ってたら、なんて女だと思うでしょ。

フェミニズムの人たちは、つまり主従関係が家庭の中にあるのがイヤだというわけでしょう。夫婦が二人とも王様じゃなければ納得しない。でもそうなると今度は子供との間に主従関係ができてしまうから、これもいけないということで、子供も王様にしてしまって、一家全員王様家族(笑)。

トッキー ありえない世界を家庭の中に作ってしまっているんですね。

よしりん そこが根本的にまちがっている。夫婦の間でも主従関係があったほうがうまくいく関係性はあるだろう。固定的ではなくても、場面場面で入れ替わる主従関係だってあるだろうしね。

そもそも「従」はイヤだという感覚がおかしい。「従」でいたほうが楽だと考える者がいたっていい。妻が「主」で、夫が「従」であったっていいしな。

わしはセレブが多い街の喫茶店でよく仕事関係の待ち合わせをするんだけれど、有閑マダムが友達と軽い食事しながら楽しそうにおしゃべりしてるのを見ると、まるで貴族だなと思うよ。この時間にも「主」である夫は身を粉にして「奴隷」のように働いてるんだろうなあと思う。「主」が奴隷で、「従」が貴族になってしまうくらい、突きつめれば主従関係は曖昧なんだから、一応の秩序として認めておけばいいじゃないか。

夫婦別姓がなぜいけないか？ それは対外的に主従関係がはっきりしなくなるからという解答もある。家庭の中から秩序感覚は養わなければならないと、わしは考えるね。そうすれば学級崩壊もなくなる。

夫婦はどちらが強者なのか？

みなぼん　世間や社会に出ていけば、どうしたって主従関係ができるのだから、子供のころから家の中で、主従というものがあることを見せて教えなければならないわけですね。

よしりん　大切なのは、主従関係と言っても、決して夫が「主」であり、「強」であると決定しているわけではないよってことだよ。

わしの郷里の博多には、夫は情けなくて稼ぎも少ないけど、妻はものすごくしっかりしているなんていうのがよくいる。山笠では女は不浄のものだから祭りに参加できなくて、夫がフンドシ一丁で毎日、街をぶらぶらして浮かれている。遊んでるようなものなんだが、妻はその祭りの期間中、おにぎり作ったりして裏で手伝いながら、家を仕切っている。

これを子供が見たら、どっちが主人で強者なのか、すごく疑問が出てくるわけ。うちの父ちゃんはえらそうにしているけど、遊んでばっかりじゃないか。でも母ちゃんはちゃんと働いている。母ちゃんがいなかったら、この家はもたないじゃないかと思ったりもする。でも、遊んでばっかりで、フンドシ一丁で酔っぱらって帰ってきた父ちゃんを、母ちゃんがいたわって立ててあげる。そこで、主従の関係というものは単に主が従をいたぶっているだけとか、軽んじているだけとか、服従させているだけという関係ではないなとわかってくる。

みなぼん　お母さんのほうだって、「私がいないとこの人はダメなの」って思っているところがあるわけでしょう。

よしりん　「本当にこの人はもろいからねえ」とかね。本当は妻が強者で夫が弱者かもしれない。でも対外的には、主従関係では夫を主にしておく。

トッキー　夫を「権威」に祭り上げて妻が「権力」を握っているという言い方もできますね。

よしりん　財布は全部妻が握っている場合もある。実際の政治はすべて妻がやってたりして。

トッキー　でも子供の前では、どんなに情けないお父さんでもその権威を落とすようなことはしない。

よしりん　昔はそれがあったよね。だから食事のときも、お父さんにだけ酒の肴があって、家族の中で一品多かった。お父さんが帰ってきて着替えていたら、お父さんが席につくまで待って、先に子供が食べ始めてはいけない。それくらいの感覚は今でもあるでしょう?

トッキー　お父さんだけおかずが一品多いというのは、今では相当珍しいようですけどね。この前テレビで、お父さんの権威を復活させるため、お父さんの食事にだけ刺身をつけるという「実験」をやってましたけど、食卓にものすごい違和感のある空気が流れてましたよ。

よしりん　わはは。それ面白いね。気まずくなるわけか。予想以上に家庭内の平等主義が進んでるね(笑)。

　社会には秩序というものがあるということを、家庭内では女が教えるのが、歴史的には自然な慣習だろうし、いや、我が家では妻に夫も子供も従ってもらうというのなら、そうしてください(笑)。

トッキー　そういうものは誰が言うともなく、感覚として受け継がれるはずのものなのでしょうけれど。

よしりん　だから夫婦別姓反対に関するわしの考えは、「家庭内の主従関係を壊して、絵空事の平等を子供に刷り込むからいけない。主従関係があるから秩序は成り立っている。それを子供に見せておくことが、社会に出たときに直面する現実と正しく対決する人間をつくるのだ」ということだね。

トッキー　家庭でそういう原体験がないと、学校教育で教えようにも無理。学級崩壊も起こりますしいうことですね。

よしりん　お父さんとお母さんも平等、ボクしお父さん、お母さんも平等、教室に行っても主従関係なんて知らない、感覚としても教わってない。だから学校の先生とも平等と思ってしまう。

トッキー　お父さんはお父さんであるだけで上であるように、学校の先生は先生であるだけで、当人が立派な人格かどうかなんて関係なく、一段上にいるという、社会的な役割に対する了解が昔は成立していたんですよね。ところが今では教壇もなくなって、立派な教師なら尊敬してやるというような状態ですから、大変ですよね。

よしりん　内実をどうこう査定されちゃかなわんよ。親が子供に「あんたいくら稼いでるの?」なんて聞かれたりしたらいかんだろ(笑)。

みなぼん　家庭でも学校でも、主従関係を前提とした理不尽なことをいろいろ経験しながら社会に入っていかないといけないんですね。

よしりん　理不尽との衝突にも慣れておいたほうがいいよね。

トッキー　叱られている理由を子供に合理的に納得させる必要はないわけで、「ダメなものはダメ！」「なんでじゃない！」で通せなければ、そもそも「しつけ」ができませんよね。

よしりん　まず理不尽を学ばせなければならないね。社会は理不尽だらけで、理不尽との闘争の人生になるはずだから。わしだって、なんでこんな父親から説教されなきゃいかんのや？と何度も思ったよ。

夜は寝るものじゃないのか？

トッキー　世の中どんどん便利にはなっているけれど、合理主義が家庭の中まで浸透していることによって、破壊されている価値観があるのではないかという疑念を持つことがありますね。

これは都会だけの現象かもしれませんが、24時間営業のコンビニやファミレスなんかで、深夜12時過ぎに小さな子供連れの親子を見ることも、さほど珍しくはなくなっているんですけど、いいんでしょうかね。

よしりん　異常だね。わしの子供のころの就寝時間は9時だったよ。眠れなくなるからコーヒーは飲ませてもらえなくて、ココアしか飲めなかった。12時過ぎに子供が起きているなんて考えられないなあ。

トッキー　24時間営業のコンビニやファミレスなどは便利だけど、そういうものがあるからこそ、親が子供を深夜まで連れまわすようなことが起きてしまうわけでしょう。

よしりん　コンビニができたときは本当に便利だと思ったよ、徹夜で仕事して、昼過ぎに寝る生活をしていたから。でも朝型の生活に変えて、夜に寝るようにしたら、まったく必要なくなっちゃった。今はコンビニがなくても何も困らない。

みなぼん　田舎だったら、夜遅くまで起きていたって外に何もないから早く寝ちゃうだろうけど、都会ではむしろコンビニが夜開いているから、それが防犯の役に立つとか言ってますもんね。

よしりん　不思議な話だよね。コンビニが防犯の役に立つところもあれば、コンビニが強盗を誘発するところもあるわけだから。防犯に役立つというのは、深夜に女がうろうろしているからだろうけど、そもそもコンビニがなかったら、暗いから女の夜歩き自体がなくなるはずだしね。

みなぼん 仕事が遅くなって、仕方なく夜道を歩かなければならないことだってありますよ。

よしりん 今はそうだけど、昔は夜には店も閉まって真っ暗だったから、会社側もそんなに夜遅くまで仕事させちゃいけないことになっていたはずだよ。それがズルズルと、いくら夜遅くまで仕事をさせてもいいように、社会全体のシステムが変わっていった面もあるからね。

トッキー テレビだって、昔は午前1時くらいで終了してましたよね。

よしりん そうだね。放送終了時に日の丸がはためいて「君が代」が流れて、その後シャーッて画面が「砂嵐」になる、あの瞬間がなかなか味わい深いものだった。ああ、一日終わったなあって(笑)。それがいつの間にか朝まで24時間放送するようになって。さらにいまは不況で番組が作れなくなって、深夜はどこもかしこも通販番組。

時代は変わるねえ。どんどん変化するねえ。信じられないほど変化していく。この先どうなるか、わかりゃしないよね。デパートが全然ダメになってしまったり、テレビがダメになったり、漫画も売れなくなってしまったり、出版社自体が危ない状況なのに、iPadが出てきたり、どんどん変わっていくから、コンビニだって将来どうなるかわからない。また夜は真っ暗になるかもしれないよ。

トッキー コンビニがなくなるなんてことがありますか？

よしりん 「夜は寝るものだ」というような時代が再び来ないかね？ 価値観も変化するものじゃないのかな。近代合理主義が極限まで行ってしまって、みんながもう飽きてしまって、夜は寝ようという気分になるかもしれないよ。

ケータイは家族破壊装置

みなぼん 今の子供のほうが、昔の子供よりも確実にお金を使っていますよね。みんなケータイ持って、月1万円以上は親に支払わせているはずでしょう。

よしりん もし当時ケータイがあったとしても、わしなら大学生になっても持ってなかっただろうな、お金がなくて。よくみんなケータイに払うお金持ってるな。
みなぼん　一家でお父さんもお母さんも子供も、それぞれケータイ持っていたら、すごい額になりますよ。
トッキー　子供にケータイを持たせていいのかというのも、非常に議論になるところですよね。昔は一家に一台しか電話がなくて、子供が親の目をまったく気にせず、誰とでも連絡を取れるなんて環境はなかったんですから。
よしりん　家に女の子から電話が掛かってきたりしたら、大変な事態だったよ(笑)。ささやきあっちゃうよ、両親が。「誰？　誰さんなの？」って(笑)。
みなぼん　話してても、後ろで聞き耳立ててたりして(笑)。
よしりん　女の子のところに男から電話が掛かってきて、それを父親が受けたりしようものなら、それこそ大事件だったよ。
トッキー　子供がケータイ持つことも、「自由・平等」の家族の姿そのものですね。
よしりん　確かに。親の監視のまったく行き届かない事態がすでに発生しているね。
みなぼん　子供の安全のために持たせているとか言うけど、言い訳にすぎないって思っちゃいますね。
よしりん　不思議だよなあ。昔だったら、子供にケータイを持たせるなという反対運動が起きたはずなのに。ケータイがあらゆる人間の関係性を病的にしてしまったところがあるんだから。
みなぼん　親に料金を払ってもらっておいて、そのケータイで親の知らない人間関係を勝手に築いてしまうんだから、変な話ですよね。
よしりん　ケータイってのは家庭の破壊装置だよ。本当は最初に法律で規制しなければいけなかったね。ライフルや車と同じで、免許が必要なものだったはずだ。安全な通話ができる者だけが許可証を持ってて、違反したら白バイがやってきて「はい、そこの通話やめなさーい。ケータイ置いて、ケータイ置いてー」って(笑)、本当はそれくらい危険なものなんだから。タバコや酒以上の麻薬であり、日本破壊兵器だったのに、免許もなく子供に与えてしまったのが大失敗だったね。
みなぼん　本当にケータイは家族をバラバラにした、画期的な機械ですよね。
よしりん　ケータイが出てきたとき、みんな単に新発明の製品が出てきたとか、新しい商売が生まれるといった感覚でしか見なかった。本当は一国の中で騒然とした議論が沸き起こってもおかしくなかったのに。

もう、家族が破壊されて個々がバラバラになってしまうことは、前提条件としてみんな認めているんだろうね。完全にアトム（原子）化してしまうってことを了解しちゃってる、オッケーって感じで。

進歩主義を捨て、昔に戻る選択を

トッキー　もっとさかのぼれば、テレビが一家に一台ではなく、一部屋に一台になった時点から始まっていたように思いますね。茶の間に家族が集まって、みんなで同じ番組を見て、何だかんだ言い合うということすらなくなって、それぞれ個室にこもってしまうようになってしまった。

みなぼん　子供が見たいものがあっても、親が見るものがあったら我慢しなければならなかったりしたわけですからね。

よしりん　お父さんだって「IIPM」は子供が全部寝静まってから、こっそり見なければならなかったしね。

みなぼん　「IIPM」って何ですか？

よしりん　あれ？　知らない？

みなぼん　エロ番組？

よしりん　「大人の番組」だよ。

トッキー　便利な言い回しですね（笑）。

よしりん　11時過ぎたら、かたせ梨乃とかがビキニで出てきて、ちょいエロありの大人の番組。

トッキー　あのころは11時は深夜で、子供は起きてちゃいけない時間でしたからね。

よしりん　だから成り立っていたんだ。子供は子供で、中学坊主くらいになると、「IIPM、見たいね〜」とか学校で言い合ったりするんだよ。そういう、タブーを垣間見るような感覚も本当は必要なのに、それもなくなっちゃった。ケータイでエロ動画見放題らしいからね。

トッキー　昔はこれだけ不自由で規制があった、でもだからこそよかったというような話が続きましたけど、単にノスタルジーで言っているだけと思われないでしょうか？

よしりん　これをノスタルジーと感じるということ自体が、進歩史観に毒されているせいだからね。世の中はどんどん進歩していく、どんどん自由になる。人はまったくの個人として分解され、個人の自由が最大限に認められるような時代が来る。それが当たり前のことだとみんな思ってしまっているから、昔はこんなに自由はなかった、でも十分満足していたと言っても、それはノスタルジーだと批判されてしまうんだね。

でも本当は、昔に戻るという選択もあるんじゃないか？　昔のようにしよう、もう一度規制しようとみんなが言い出せばいい。ケータイはもうやめようとか、免許制にしようとか、酒と同じように年齢規制しようとか。

みなぼん　使用できるのは20歳以上とするだけで、ずいぶん変わりますよね。

よしりん　コンビニの営業も何時までと決めて、夜は寝ましょうと、みんなが選択すればいいんだから。そういう生活に切り替えても豊かな世の中が作れるのかと問われれば、そういう時代にだってわれわれはちゃんと生活していたんだし、ある程度貧乏だっていいいじゃないかと言ったっていい。本当に理性的に、世の中を少し戻そう、進歩主義というものを少し見直そうと考えればいい。だってちょっと前まで規制緩和と言っていたのに、今は規制強化のほうに変わっている。

タクシー業界なんか特にそうでしょう。諦めてたらノスタルジーだけど、あえて新ライフスタイルとして選べばいいだけじゃないか。

トッキー　そっちのほうが得るものがあると、価値観が変わればいいんですね。

よしりん　そういうこと。大人と子供の区別ははっきりさせたほうがいい、主従関係ははっきりさせよう。子供のしつけをちゃんとさせてから、小学校に入れよう。家庭でしつけることを前提条件にして、学校では基本的に学科しか教えない。それを当たり前の常識にしてしまえばいい。そして祝祭日には国旗を揚げる。それで成り立つ世の中を作ればいいんだから。

そうすれば、夫婦別姓なんて、そんなバカバカしいことを言っていた時代があったんだなあと思うようになるでしょう。

Part 3

「平凡」はいけないことですか？

ゴーマニズム宣言
PREMIUM
修身論
プライドを捨て平凡に胸を張る勇気

高校の頃 わしはこう考えていた…
受験競争のレールに乗るやつは 才能のないやつら
システムの中に組み込まれるしかないロボットたち
その頃のわしにとっては東大目ざすやつだって気の毒な無能の民だった
『罪と罰』を読んだのがその奇妙なエリート意識に拍車をかけた
罪と罰
そうか 一人の天才のためなら こいつら カスどもの数人 殺したっていいはずだよな
中学生までぜんそくで…
あんたは大人になれん そんな身体で就職も結婚もできん
どーせ20歳までに死ぬやろうね
そう母に言われて信じてたから ずっとわし プライド0の誠実さだけがとりえの少年できたのに…

ぜんそく治って高校で自信を回復し
わしにはフリーで生きていく才能がある
選ばれた人間に違いない
…と思い始めてどんどんのぼせ上がっていった
小林よしのり傑作集①
小林よしのり傑作集②
高校3年の夏、担任の教師がわしを呼び出して言った
小林 おまえ大学行って本を読め
いや、漫画家になりますからすぐ東京に行きます
おまえは絶対本を読んどいた方がいいって!
この時の「受験勉強」に対する物珍しさが後に『東大一直線』となってわしの最初のヒット作となる
やけに強く説得されて「受験勉強」というものを初めてやってみた
ほー英単語7000
英熟語1700
ほーラジオ講座……
東大一直線
大学に入りたての頃わしは完全にのぼせ上がっていた…
みんな凡人だ
わしだけ特別じゃないか
こんな所にバス賃払って来る必要ない
家で貧血になるまで本を読んだ
わしの自意識は次第に肥大していった…
えーくそ何でこの天才様が
こんな醜悪な凡人どもと
身を寄せ合っとかにゃならんのだっ!

天才様も金がなくては身動きとれん
なるべく短期間で大金稼げるバイトないか？
いつもこう考えて選んでしまうのが肉体労働
当時47キロしかない鳥ガラボディで…
肉体労働のおっちゃんたちは気が荒い
えーくそふざけやがってこの車……
学生！文句言え
ふざけんなよこの――
うるせ――
うるせーって言ってます
殺すて言わんか負けんな
ぶっ殺すぞてめ――
なんかおりてこい――
品のいいわしには実に苦痛な修業だった…
おっちゃんたちには理屈はまったく通じない
シートですけど倉庫の棚にはやっぱりありませんよ
言ったでしょうが
だったらどっかにあるったい
さがしてこい――！

ある日、おっちゃんたちが社長と話してるのを聞いた
うちもムダなバイトはやとっとけんぞ
あのヒョロヒョロのやつ役に立つとか？
小林は雇っといてあげてください
アレユーモアもあってまじめですけん
力はないけどその分わしらがやりますけん
わしはアブラムシだった……！
才能も教養もないが懐の深いおっちゃんたちに陰で支えられ助けられてやっとのことで存在が許される程わしは無力だった
今まで自分を何様だと思ってきたのだろう？
自分一人じゃ生きられないちっぽけなちっぽけな存在…
これがわしの等身大のサイズじゃないか
先日 ラジオで飯星景子※と話した
彼女は勇気があるわしをゲストに迎えたからには宗教についても本音で語る覚悟をしたのか
彼女が統一教会のマインドコントロールが解ける瞬間のことまで自ら語ってくれた
ディアフレンズ！
最後に残っているのはほんの一枚のプライドの薄皮なんです

※飯星景子　統一教会問題ータレント・エッセイストの飯星景子は、1992年頃に統一教会へ入信。父親である作家、飯干晃一はテレビなどで統一教会を批判し、娘を脱会させることに成功した。

そのプライドが破れた時
私ってつくづくどーしようもない程バカなんだと思いました
なんて愚かなんだろうと……！
時々 ワイドショーの司会をやっている彼女のことを自分だってカルトにはまってたくせに 今は市民社会の側につきやがってとか
THE WIDE
批判がましく責めたてるインテリどもがいる
そいつら、自分を何様だと思ってるんだ!?
人間なんてみんな ちっぽけな愚かな存在じゃねーか
一生かかって他人の一人を救えるかどうか…
自分一人だって救えるかどうか…
てめーらのプライドなんざこのわしがズタズタにしてくれる！
オウムの元信者とも『VIEWS』で対談した
「神秘体験」と彼らが信じる幻覚体験が解脱への早道と思っていたらしい
この現世で悟ってる人だっていっぱいいるよ
現世で悟るのが自転車に乗ってる速度なら
修行は新幹線の速度で悟りを開ける
そんな体験なんかわしは幼児の頃から何度でも味わった
解脱できる者 悟りを開く者 …それはつまり特別な者 世俗の凡人とは違う特別な存在とオウムの信者は勘違いしてるようだ

＊オウム 神秘体験…オウム真理教では厳しい修行や薬物によって信者に幻覚症状を起こさせ、それが神秘体験であると錯覚させていた。

プライドが高いのだ
彼らも…
自分のちっぽけな存在の軽さにたえられない
現世での自分の等身大のサイズを見たくない
おまえは幻覚を見るのか？
それは神秘体験だぞ
素質があるぞ 解脱できて特別な人になれるぞ
このヨガのマニュアルどおりにしてごらん
ほら もっと幻覚
……
いや 神秘体験を得やすくなる
青山・上祐ら エリートコースを歩んだ プライド高き「今いち実力」の者たちほど…
その高いプライドが現世で壊されそうな不安を感じた時…
横すべりに出家してプライドを維持し続けたのだ
きみたちの実力はオウムでこそ活きるぞ！
現世は滅びる
特別がいい
個性が大事
独特がよい
異端がステキ
才能教育について
教育評論家
素人セルフヘアヌード
だれもがそう言って若者を啓蒙してきた
きっとだれもがクリエイター♪
その結果 人並みで普通である自分にたえきれずに それを社会のせいにして宗教に飛び込んだり…
奇抜な格好して 奇異な行動とる 異常なやつが巷にあふれた
普通のやつが普通を嫌い
平凡なやつが平凡を恐れた結果として…
超能力&チャネリングBOOK

平凡のどこが悪い？
平凡を恐れるな！
漫画家はひとときも自分の地位にあぐらをかいてはいられないプライドの維持がむずかしい
A B C D E F
人気投票
「人気」というものがあるからだ
大天才・手塚治虫が自分のアニメ「W3《ワンダースリー》」をテレビでやってる時間に子供が「ウルトラQ」を見ていた
手塚の奥さんがあわててチャンネルを変えて…
お父さんのを見なさい
と言うと…
手塚は血相を変えてどなったという
子供の好きなのを見せてやれ！
人気漫画家の苦しみが痛い程わかる
わしも先日、仕事場に入ろうとして秘書のカナモリがわしの漫画が載ってる雑誌で
別のギャグ漫画を読んでさも楽しそうに笑ってるのを発見した
YOUNG
わしは中に入りづらくなってドアを閉めて外出した
YOUNG

＊のぼせ上がった学生、宮台、中沢、吉本ーいずれも本章発表当時『ゴー宣』で批判していた人物。ブルセラ学生を擁護した宮台真司、オウムを擁護した中沢新一と吉本隆明、薬害エイズの責任追及運動に参加して選民意識を持った学生などに反省を促している。

ゴーマニズム宣言
PREMIUM
修身論

「平凡な希望」も持てない社会

景気回復と連呼すれば問題が掻き消される。
ゼロ金利で銀行は金余り。デフレ脱却宣言もない。
国民の将来不安は消えないままなのに、「格差社会」は景気で、消滅する話なのか?
それが幻想だという本も読んでみたが、なんのことやら今現在の「所得」格差の分析のみを克明にやっている。
日本の不平等
「所得格差が元々大きい高齢者の比率が高まったために、経済全体の所得格差が拡大したのであり、これは見せかけの格差だ」と言うのだ。
ただし「50歳未満の若年層で、消費格差の拡大が進んでいる原因として、人々が将来、日本に格差社会が到来することを予期している可能性がある」らしい。
まさにその若年層の予期が幻想にすぎぬのか否かの話なのだが。
これは今、問題になっている「希望」や「意欲」や「機会」の「格差社会」というテーマからずれてるんじゃないか?
希望
意欲
機会
それが失われるのが問題なのだ!
▲大竹文雄著『日本の不平等』(日本経済新聞社)より

格差が出ることは悪いことではない！

成功をねたむ風潮や能力のある人を引っ張る風潮は厳に慎んでいかないと社会の発展はない！

小泉首相はこう言い切った。

昔ならこの意見に拍手してたけどな。「そうとも、悪平等はいかん！」と。

だが「新自由主義」の時代が来たとなるとそうはいかん。

その辺の見極めはたかが漫画家のわしにだってできる。

ところが、首相の「格差社会」容認発言を受けて、自称・保守派の、特に年配者の言論人は未だに「悪平等」批判をベースに、「格差社会」を肯定する発言をしている。

ぼくも昔は下流だった。

今までが横並び過ぎたんだ。

下流もまた楽しですよ。

負け組を甘やかしちゃいけない！

一昔前まで自称・保守派の言論人はこう言ってきた。

「日本社会は『結果の平等』になっている。学校でも能力差を認めず、運動会で横一列でゴールさせられる。こんなものは『悪平等』である。あくまでも『機会の平等』が大切なのであり、個人の能力や努力で結果に差がつくのは認めなければならない」

この「悪平等」批判の文脈で、今の「格差社会」を語るのは無理がある。

とゆーか、インチキだ！

ひどいのになると……

アフリカや中国やインドの下流層はもっと悲惨だぞ〜〜〜〜っ！

…というのがある。もう田原総一朗並みの粗雑さだ。

しかしそれらの言説は悲しいことに、「たとえ下流層でも努力すれば上流に這い上がれる」という「日本的平等感」の幻想に支えられている。

あっさり言えば、勉強不足なのだ。

アメリカを教科書にするつもりはないが、1965年6月4日、ジョンソン大統領は黒人差別の撤廃を前提にして「結果の平等」を求める演説を行なった。

「機会の平等」ではない。「結果の平等」である。

機会の門戸を開くだけでは不十分である。

事実としての、結果としての平等を求めるのである。

黒人たちを競争のスタートラインに立たせるだけでは不十分だったのだ。

過去から蓄積された彼らの環境の不平等を取り除かねばならない。

アメリカの平等感は「機会の平等」から「結果の平等」へと向かうものだった。

GOAL
日本の平等感は「結果の平等」から「機会の平等」へと向かうものになっている。

日本では時代がどう移り変わろうとも、誰もが同じスタートラインに立っているはずだという幻想がある。

それが『日本的平等感』だ。

さて、今年（2006年3月1日）、文科省所管の教育研究機関の調査によると、日米中韓の4か国で、日本の高校生は学校の成績や進学への関心が最も低いそうだ。

「成績が良くなることを大事にしている」生徒は米中韓では70％以上いるのに、日本では33・2％しかいない。

勉強 冷めた日本
米中韓7割超
「成績良くなること大事」33％

高校生意識調査
未来志向の米中韓に対し、日本の高校生は現在志向で、「勉強しても、良い将来が待っているとは限らない」と冷めた意識だという。

もちろん終身雇用制が崩れ、非正規社員・フリーター様御一行大歓迎、リストラ大奮発となれば、勉強に希望を託せず意欲もわかないのは仕方がない。

日本の子供の8割は、すでに「勉強して社会に出て成功する」という神話から降りている。

だが一方で、私立校に通う2割の富裕層の子供は、意欲を持って勉強しているはずなのだ。

2003年の国際学力調査で、日本は「読解力」が前回の8位から14位へ、「数学的応用力」は1位から6位に下がったという報道があった。

自称・保守派はこれを「ゆとり教育」の失敗だと批判してきた。

滑稽《こっけい》なのは現在、自称・保守派の言論人が「ゆとり教育」を批判しながら、「格差社会」を容認する傾向にあることだ。

悲しいかな、自称・保守派は「ゆとり教育」が「格差社会」を生んだという現実に全く気がついていない。

1970年代から続いた受験競争の激化に対してマスコミから「詰め込み教育」批判が相次ぎ…

それからの私は勉強の鬼!

ああ勉強一直線!めざせ東大!東大一直線!

東大一直線
小林よしのり
80年代には「校内暴力」もあって、「学校の管理教育」批判が起きた。

「学校は生徒を管理している。自由で主体的な"個"の発育を阻害している!」と。

この学歴社会の弊害を是正するという名目で文部省は「ゆとり教育」への転換を図った。

子供たちの『自ら学ぶ意欲』を大事にし、子供の『ありのまま』と『個の自由』を尊重する教育改革が始まるのだ。

92年から学習内容の削減が行なわれる。

算数
社会
2002年度から小中学校で、新学習指導要領が公示され、学校5日制、授業時間3割削減、「総合的な学習の時間」等を導入。

これが判明すると特に首都圏で公立学校離れが進み、東京都では私立中学校に進学する生徒が23%に達している。

当然、経済力がなければ私立学校の費用は出せない。

年100万円から300万円の学費は一般大衆の家計からは苦しいだろう。

ここですでに教育環境の格差は、拡大し始める。

「ゆとり教育」は、「個人の自由」と「多様な個性」を重んじる教育である。

すでに家庭の経済力でふるい落とされてしまった子供にはナンバーワンではなく、「オンリーワン」と教える必要があるだろう。

SMAPが「世界に一つだけの花」を歌った時、「オンリーワンとは何事だ」と怒っていた保守派言論人がいたが、彼の子供たちは公立に通ってるのだろうか?

私立なら「ナンバーワン」を目指すコースに乗ったのだから怒ることなかろう。

富裕層の子供が私立に通うのは「個人の自由」だし、
低所得層の子供が公立に通うのは「多様な個性」が尊重されているのだ。

何か変だろうこれ?

「オンリーワン」の流行には、差別隠しの罠があったんだな。

小渕恵三首相の時、
「二十一世紀日本の構想」懇談会の
報告書に、こうある。
「グローバル化や情報化の中で多様性が基本と
なる二十一世紀には、日本人が個を確立し、
しっかりした個性を持っていることが大前提となる。
このとき、ここで求められている個は、
まず何よりも、自由に、自己責任で行動し、
自立して自らを支える個である。
自分の責任でリスクを負って、自分の目指すものに
先駆的に挑戦する『たくましく、しなやかな個』である」
「ゆとり教育」は、
市場原理を絶対とする
新自由主義経済の中に
日本を突入させるために必要な個（人材）を
育成するという、
背後に経済界の要請が関わった
プロジェクトなのである。
個人主義で、伸びる子は
どこまでも伸ばせばいい、
落ちこぼれた子は
「ありのままの個性」を
伸ばすということで、
納得させればいい、
オンリーワンと思い込ま
せればいい、というのが
「ゆとり教育」の本音だ。
つまり、
「エリート教育」の
隠れ蓑なのである。
「自ら学ぶ意欲」と言い、
「個性の尊重」と言い、
8割の子供たちの
学習意欲の低下を招き、
階層間の格差拡大を
もたらしたのが
「ゆとり教育」だった！
「ゆとり教育」には、
『平凡』への感謝の念が抜けている。
人間には、一人一人に「個別性」はあっても、
「個性」はだれにでもあるものではない。
「オンリーワン」と言われて
「自信」だけは持ってしまった
実は平凡な若者が、村上龍の
『13歳のハローワーク』などで、
「本当に自分のしたいこと」を探し、
「自分探し」を行なっているうちに
フリーターになってしまう例が多い。
しかもそのような若者の
多くは、統計的には
比較的、低所得層の
家庭の出身者なのだ。
だが一方で、
一部の富裕層の子供は、
学習意欲を失わず、
着実に親を上まわる
上流層を目指している。

苅谷剛彦氏の調査では、出身階層の低い生徒たちは、「将来のことを考えるより今を楽しみたい」と思うほど、「自分には人より優れたところがある」という自信が強まるらしい。

階層化日本と教育危機
苅谷剛彦
低所得家庭の子供は「学歴による成功物語」を否定するほどより強く自信を持つのだ。

勉強なんかせんっ!

無意味だっ!

メラメラメラ
オンリーワンだ―――っ!

学歴から降りた者の中に「個性」を活かす者もいるだろう。わしのように。

一瞬、強烈に光る者もいれば、わしのように案外、長くひかえめに光る者もいる。

ちなみに占いではわしは「遅咲き」らしいのでまだ助走の段階かな?

とにかく「個性」で生きるためには、高いリスクを背負わねばならなくなる。

リスクを背負える「個性」の磐石《ばんじゃく》さもなしに、オレ様にふさわしい職業を探していたら、30、40、50歳過ぎても税金も年金も払えぬ身分でいるしかない。

自称・保守派は「負け組になるのは努力しなかったから」としか思っていない。

だが新自由主義に即した教育改革によって、家庭の資金力、家庭のステータス、家庭の教養など、家庭の文化的資源の差が大きくものをいう教育システムが出来上がったのだ。

かくして学習する「意欲」が低い子供が増産され、下流層は固定化するという、将来の格差拡大が準備されている状態になった。

すでに「機会の平等」は失われている。

誰もが同じスタートラインには立っていない。

小泉・竹中と、経済界が推し進め、大マスコミが支持した「ネオリベ構造改革」（新自由主義）によって、一部の富裕層が富を独占し、平凡な人々の安定と希望を保証する中間層が崩壊してしまった。

藤原正彦氏のように「武士道の復権」と言ってもアナクロニズムとしか思われないのかもしれないが、少なくとも資本の暴走を制御するのは不可能ではない。

マルキシズムでもなく、ナチズムでもなく！

ごーまんかましてよかですか？

各人、魅力的な「個別性」を持った圧倒的多数の若者に、「平凡への希望」を与えるのが、政治家や官僚の仕事ではないのか!?

「ゆとり教育」の末路、派遣村だってオンリーワン

本を読むということは

よしりん　わしの通った高校には「本を読め」「本を読め」と言う先生がいてね。日常生活の些細な振る舞いについての注意より、ただひたすら「本を読め」としか言わなかった。教室でいつもいつも、全員に「本を読め」と言ってた。

その先生にわしは高3の夏に職員室に呼び出されて「小林、おまえは大学に行って本を読め」と言われたの。わしが通っていたのは商業高校だったから、大学には進学しない前提で入学して、ほとんどが卒業したら就職だったんだけどね。

みなぼん　それでも特別に呼び出されて、進学しろと言われたわけですね。

よしりん　わしは卒業したらすぐ上京して、石森（後に石ノ森）章太郎のアシスタントになるって決めてて、そう公言してたんだけど、「漫画家になるにしても本を読んでおいたほうがいい、大学に行って本を読め」と。

それで「また『本を読め』か～」と思ったんだけど、職員室にまで呼び出して、あの先生があれほどまでに「本を読め」と言うんだから、それは大事なことなのかなあと、何となく心に引っかかっちゃって、じゃあ大学に行くかということになったわけ。

そういう教え方もあるんだよ。本を読む意味を細かくグダグダ説明せず、ただ「本を読め」とばかり言っている先生がいて、そういうことに影響される学生もいるんだね。

だから大学に行った理由は本を読むためで、大卒になっていい就職をしたいとかいう感覚はなかった。それで、本を読むのは何のためだろうと考えたけど、それはやっぱり内省するためなんだよ。自分とは何なのか、人間とは何なのか、世界とは何か、そういうことを自分の内側に向かってどんどん考えるという効果があるんだよね。

トッキー どういう本を読んでいたんですか?

よしりん 小説から哲学書から相対性理論までね。芥川や太宰や川端や三島や大江などの有名な小説、ドストエフスキーやトルストイからソルジェニーツィンなどの世界文学、あと哲学、思想一般をあれこれ読んでいた。

みなぼん こういう本を読みなさいって誰かに言われたんですか?

よしりん 全然。誰からも教わらなかったけど、大学生のころの年代って、存在そのものに疑念が湧いてくるわけ。一体人間とは何なのか。何のために生まれて来てるんだ、意味がないじゃないか。どうせ死ぬのにバカバカしいというような気がしてきて(笑)。存在とは何だろう、死とは何だろうと考えて、どんどん内省しだしてしまったんだな。

もっと科学的に追求しようと思って、関心は宇宙に向かい、ビッグバンとか、時間とか、特殊相対性理論とか、勉強しだしてしまう。光速30万キロセコンドは観測者から常に一定ってどういうことだとか(笑)。

なるべく広範に本を読もうとして、岩波文庫の有名な本に○印つけて片っ端から読んだりもしたけど、昔は文庫といえば岩波文庫くらいしかなかったから、教養の基本はこれだけと決まっていて、その中から読めばよかった。でも、いま何か文庫を読もうと思ったら、膨大に、くだらないものも一緒くたになってるから、どれを読めば基本的な教養になるかも、もうわからんでしょう。

みなぼん 最近は「文庫」といったら小さくて、手軽で、安くてという感じですよね。

よしりん 太宰の文庫を漫画の表紙で売ったりとか。岩波文庫や岩波新書はそっけないから良かったんだけどね。それが実は左翼に汚染されているということなんて知らなかった(笑)。基礎的な本はそんなに多くなかったから、そこから選べばよかったんだよ。それが今は膨大になりすぎて、その中から何かを選ぶのは、相当難しいでしょう。

みなぼん　私がよしりん企画で働き始めたときも、先生が私にすごく言ったのはやはり「本を読め」、本といっても最近の流行りの本ではなくて、古典的なものを読んだほうがいいと言われたんですよね。

「現場」で「自己愛」は通用しない

よしりん　元来、本を読んだら内省をするという契機がなければならない。そして、内省しなければならなくなるのは、基本的に共同体がちゃんと存在しているからだといえる。

つまり、家族とぶつかったり、地域とぶつかったり、あるいは逆に教師と親密になったり、友達としっかり話していたり、そういう共同体の人間関係があれば、その中で他人と比較して、「自分はみじめだなあ」とか、「あいつに比べたら自分ってどうなんだろう」とかコンプレックス感じたりして、それをきっかけに内省に向かうのかもしれない。

ところが内省の前提となる共同体の関係性が薄くなっていたら、ネットの中ですぐに「自分は偉い」と思い込めるんだよ。

ネットの中には内省せずに「人を蔑め」という思想がある。自分の等身大に直面しないんだな。本当はものすごくちっぽけで、卑しい人間なんだよ。何も勉強してないし、何も考えてない、何の体験もない、人とうまくやることもできない、コミュニケーションもとれない。そういう者がネットの中では突然尊大になって、人を中傷し始める。オレのほうが偉い、いや、オレ様のほうが偉いと競い始める。自意識だけが肥大した人間がつくられていくわけですよ。

そんなやつが、わしがやったように、肉体労働の現場でアルバイトをしたらどうなる? どんなに偉そうにおっさんたちを「こいつら学のないやつらだからな」とか思っていても、自分が役に立たないんじゃあ、仕方がないんだよ。

みなぼん　現場に入っていったらボロが出るわけですね。

よしりん　現場に入ったら、ネットの中で自意識を肥大させたナルシシズムなんかには浸っておれない。全然役に立たないんだよ。そこで結局、「等身大の自分」というものをもう一度見つめなおすしかなくなるわけですよ。

オウム真理教のようなカルト教団は、現場の共同体から離れて、全く特殊な空間で己のプライドを肥大させることができるからね。自分は人類を救う教団に属しているエリートだ、解脱したんだと言えるわけだからね。

それはネットの中も同じだな。ネットの中がカルト教団なんだよ。そこは「現場」じゃないから、恥をかかない。恥をかいたときに初めてプライドは崩壊するけど、それがないから肥大しておくことが許される。

今言った「プライド」とは「自己愛」のことだけどね。「プライド」には「誇り」と「自己愛」がある。「誇り」は人間には必要だけれど、「現場」や「共同体」というものから完全に離れてしまうと、「自己愛」だけが肯定されて、自意識ばかりどんどん肥大していくような人間が出来上がっちゃうわけだ。

人間って人生の中で、何度も何度も自意識が肥大しちゃうんだよ、特に思春期のころは。何度も何度も肥大するんだけれど、何度もぶち壊されるという過程をたどらなければならない。だからアルバイトなんかで現場を経験するのはいいよな。しかもあんまり効率のいいアルバイトじゃなくて、肉体労働みたいな仕事のほうがいいと思うよ、現実を学ぶためにはね。

「平凡」の強制が教育の基本

よしりん　自意識を肥大させてしまうかどうかには、親の教育の問題もあるね。わしが「漫画家になる」と言っても、わしの父には一切無視された。その無視の仕方といったらとてつもなくて、もうその話に触れない。ただ「バカバカしい」と言うだけ。特殊性というものを認めず、普通に人に雇われろ、普通に生きろ、それだけ。

それどころか、母親が「よしのりは0歳で喘息になったんだから、20歳まで生きられないんだ、どっちみち死ぬんだ」とか(笑)、「生命保険いっぱいかけてる」とかまで言うから(笑)、自分を尊大に見せることなんて不可能。将来、平凡に暮らせるようになれれば御《おん》の字という教え方だった。

今の教育は違うでしょ？　うちの子は普通じゃない、特殊なんだと親が言う。「漫画が描けるという、すごい個性をうちの息子は持ってるのよ！」という具合に、平凡になんかならなくていいと親が教えるわけでしょ。

トッキー　それでその才能が実は大したことなくて、現場で通用しなかったら、もう引きこもるしかなくなっちゃう。

よしりん　そういうこと。あなたは特別な子だ、個性のある子だ、それが大切なのだと、学校も親も教える。「平凡への強制」というものがなくなってしまっているという時代なんですよ。

それで本人も、なるべく普通じゃないほうがいいんだと。とにかく、変なことをすれば人は認めてくれると思い込む。その挙げ句、ストーカーまがいのことすら商売にしたり、人の中傷ばっかりやって商売にしたりするような、変なやつが次から次に出てくるという事態になっている。でも、そんなことして自意識を肥大させても、結局、現場に行ったら何にもならないわけですね。

トッキー　オウム事件のときに「あれだけ高学歴の若者が、なぜ」としきりに言われて、「オウムの闇は未だに解明されていない」なんて、今でも言っているけれど、答えはもう完全に出ているんですよね。プライドを肥大させ、現場に出たら役に立たなかった者の逃げ場がそこだったということ。

よしりん　そうだよ。わしなんか、漫画家になって成功しても、絶対、自意識は肥大できないんだよ。いくらヒットを飛ばしても、次のヒットが出るかはわからない。必ず人気投票や本の売れ行きで結果が出ちゃうからね。

結果が最下位だったら、自分が反省するしかない。「読者がバカだ」と言うことだってできるけど、それを言ったらもう、食っていけない。自分が切磋琢磨するために、反省するしかない。そうしたら、どんなに尊大に構えたところで自意識は肥大できないわけ。

知識人の中にも、自分は何でも知っている、自分の知識は膨大にある、あいつはたかが漫画家じゃないかと、すぐバカにするような言い方をしてくる者がいるけれど、こっちはちっともかまわない。わしは何にも知識ないですと言っておけばいい。

人々が権威主義が好きなら、いっぱい知識のある学者とかを信じていればいい。学者はわしに嫉妬してポピュリズムだとか言いたいだろうが、わしは基本的に中学・高校卒業程度の人たちの国語力で理解できないことなんかないはずだと思ってるから。

こんなことは漫画家の世界では当たり前のことで、いくら俺は人気投票トップの漫画家だとか、俺はキャリア10年の漫画家だとか言ったところで、次回作でこけたときには無視されるだけ。どんなにキャリアを積んでも、権威は何にも通用しないんだよ。

トッキー　学者の世界と漫画の世界はまったく構造が違いますからね。だから先生に批判されたら、途端に人格から壊れていく知識人が多いんですかねえ。

よしりん　どっちみち言説がおかしくなって、社会的に通用しないことばかり言い始めたら読者が見放すだけなのであって、「オレのほうがすごい」なんてことをいちいち言い合う必要もない。すごいかどうかは、出来上がった作品を人に評価してもらうしか方法がないんだから。

常に内省していくということは必要なんだけれど、今は親も、学校教育も、ネット社会も、内省をしなくていいようなフォローをしてしまっている。本来はやっぱり、平凡に生きるというのが教育の基本なんだ。誰にでも個性なんてそんなにあるわけないよ。「個別性」はあるけれど、「個性」があるわけじゃないってことを、ちゃんと教えなければならないんだけどね。

みなぼん　本当に個性のある人間、才能のある人間は、「平凡に生きなさい」って言われて、平凡を強制する方向に向けられても、やっぱり現れてくるものですよね。

よしりん　どっちみちそうなんだよ。個性のある者は、どう壁を作られても、なお強力な個性になって、乗り越えてきちゃう。

みなぼん　よく日本の社会や教育は「出る杭は打たれる」社会だって言われるけど、そんな中でも、本当に個性のある人間は出てきちゃうってことですね。

よしりん　絶対出て来ると思う。出る杭が打たれたら、打たれただけ反発して、結局は出てきちゃう。

「ゆとり教育」「個性尊重」の正体

よしりん　今は「ゆとり教育」を見直そうってことになっているけれど、未だにゆとり教育とは何だったのかに関する誤解が正されていない。

みなぽん 単に、学力が落ちてしまったから見直そうという話になってますね。

よしりん ゆとり教育は学力を落としてしまう教育だと、保守派の側は批判している。一方左翼は、ゆとり教育とは詰め込み教育ではない、人間らしい教育だからいいと言ってる。どっちも完全に間違っているのに、誰も気付いていない！ ゆとり教育とは、成績の悪い敗者をだますために作られたものだからね。

みなぽん 「あなたはそれでいいのよ」と言うためですよね。

よしりん あなたはバカじゃない！ バカじゃなくて個性があるの！(笑) どんどん成績落ちているけど、かまわん、かまわん。ナンバーワンじゃなくていいの！ 成績0点でも、オンリーワンだからって、バカをだまして新自由主義の社会を作ろうというのが「ゆとり教育」の正体なんだからね。そもそも保守も左翼も、新自由主義の考え方自体、未だに見抜いてないままなんだから、すごい話だよ。

トッキー 構造改革で格差社会が生まれたと、決まり文句では言いますけどね。

よしりん どういう人間を作るかという、教育の方針からこれは決まっている。グローバリズム、アメリカニズムに適応させるために、とにかくできるやつだけどんどんできればいい、金持ちだけどんどんカネかけて教育して、伸ばしていけばいい、あとは「ゆとり教育」であきらめさせろ。下流に落ちた者を自己肯定させるのが「ゆとり教育」だからね。「奴隷」も個性だという考え方なんだから(笑)。

トッキー 個性だ、個性だと言っても、派遣切りに遭ったら生きていけないですけど。

よしりん そうなんだよね。本当は「派遣切りも、個性だよ」と言おうとしてたんだけど、だんだん納得しなくなってきた(笑)。「オンリーワンの派遣切り」と言ってもみんな納得しなくなって、目論見が破綻しちゃったというのが今の状態。それでこれからどんな社会にするか、どんな働き方にするかが、まだ見つかっていない。

「会社」という共同体の意義がどんどん失われ、株主資本主義に移行して、株主ばかりが富を蓄え、労働者に分配されない時代がやってきてしまっている。だからみんな貯蓄しなくなって、今は定年退職して貯蓄がゼロというのが1千万人以上もいるという、とんでもない世の中になってきている。

さらに、低賃金の中国に対抗するには、日本人の賃金を下げるしかないということもある。そんなグローバル社会の中で、拝金主義で勝ち抜ける者だけが生き残っていけばいいというのが新自由主義であり、格差社会とはそういう意味合いがあるわけだから、果たしてそれでいいのかを政治家も見直さないと、どうしようもない。

さっき言った「平凡への強制」が本来の教育で、「平凡」を目指すのが本当は基本的な生き方なのに、株主だけが富を独占してしまうという格差社会で、今は「平凡」すら失われていっている。平凡に終身雇用で人生設計をしようと思っても、その受け皿である中間層が崩壊していってるのだから。そこをまずどう担保するのかを、政治家や官僚が最初に考えなければならない。その方法が出来上がってないことが、現在の日本社会の大問題なんだ。

ところが民主党政権は中間層をどう再生するかという発想ではなく、徹底的バラマキ行政で、下流に落ちた人間には個別にお金を配って全員助けようというやり方になっている。それでは社会主義になっちゃって、どっちみち平凡に生きられないんだから、人のやる気や希望や活力には結び付かない。

人が平凡に生きられるためには、会社をどうやって再生させるか、地域をどうやって再生させるか、そのためにはどういう法改正をやればいいのか、まずそれを政治家は考えなければならない。

そしてその一方ではグローバリズムに対抗して、金融資本主義にどう規制をかけていくかという方策も必要。どこか保護貿易的な感覚というものも持たないと、このままでは中国に侵されていってしまう。中国が人民元を切り上げたりしないのも保護主義でしょう。いかに自国民だけ守れるかという、経済の外交と、人々が平凡に生きるということは繋がっているからね。

だから自分たちだけで「修身」とか考えていても、実は経済構造に左右されてしまうというところがある。ちょっと前までは、働いて自立するのが女の生き方よ、専業主婦なんか奴隷よ、雇用は均等じゃなきゃいけないのよ、女性も出世できる社会をつくらなければいけないのよと言っていたけれど、経済構造がこうなってしまったら、そういう価値観も吹っ飛んでしまって、若い女が結婚したい、専業主婦になりたいと言うようになってしまった。金を持った男が欲しい、安定した職業を持っている男がいい、専業主婦が憧れだ、貴族階級だと、それじゃあ今までのフェミニズムの目標は何だったの？　どこに行ったの？

みなぼん　経済ですぐ変わりますよね。ちょっと前まではフリーターとか派遣社員はものすごくもてはやされてたけど、今や何としても正社員(笑)。

よしりん　年俸制がいい、年功序列なんか駄目だ、派遣がいい、実力主義だと男も言っていた。フェミニズムの女も言っていた。ところがそんなものは結局は、全部甘えだった。高度経済成長の波に乗っかってみんな甘えていたにすぎなかったんだ。

スーダラ時代のオヤジが偉そうに言うな！

トッキー　今は公務員が人気の職業上位になっているけれど、それは平凡に憧れているからではないでしょう。

よしりん　全然違う。とにかく安定してるはずだから、そこにしがみつきたいというだけ。求めているのは平凡じゃなく安定だね。安定への希望と平凡への希望は違うよ。今は安定への希望になっている。不安定になっちゃったから。

トッキー　安定は希望しておきながら、個性みたいなものへの憧れはまだ持っているみたいな感じはするんですが。

よしりん　そうだね。本当は、安定もしないで個性もへったくれもないんだけど。

今はまず食わなければっていう社会になってしまっているから、不安感がものすごくあるだろう。それを上の世代、これまで日本を作ってきたと思ってるオヤジの世代は全然わかっていない。自分たちがバイタリティあふれて働いてきたからこの日本があるんだ、今の若者は何なんだとか、オレたちは戦後の闇市からやってきたんだぞなんて言うわけだけど、おまえだってこの時代に生まれてれば派遣切りだよ(笑)。大して働いてもいなかったのに、高度経済成長の時代だからやってこれたようなのがその世代にはいっぱいいるんだから、偉そうに言うなって言いたいね。

トッキー　植木等が歌っていた「サラリーマンは気楽な稼業ときたもんだ」っていうのは、その当時としては戯画的な風刺だったんですか、実感だったんですか?

よしりん　実感としてあったよ。サラリーマンは必ず会社が終わったら一杯ひっかけてた(笑)。うちの親父だって必ず飲んで帰ってきてたよ。そうじゃなかったら、キャバレーだのクラブだのがあんなに繁栄してたわけがないじゃない。今はほとんどつぶれてるでしょ。

博多の中洲がいい例で、高度経済成長時代と今では全然違う。昔はどえらいにぎわいで、みんなあそこで飲んで、タクシー拾って帰ってたんだから。

銀座だって同じでしょう。みんなクラブやバーで飲んでた、貧乏でも角打ち(酒屋の店頭などでの立ち飲みのこと)で飲んでた。みんな必ず酒飲んでたよ。

メーデーになればストやって、電車が止まって、先生もいなくなって自習。で、必ず給料が上がる。ストばっかりやって給料上がってたんだから、無茶苦茶な甘え切った時代だったとしか言いようがない。そんな甘え切った時代に生きたやつらが何を言うかって。でも偉そうに言うんだよなー、特に保守派のやつらが。

トッキー　今の日本があるのは自分の手柄だ、みたいに言いますね。

よしりん　バカヤローって言いたくなってくる。おまえが今の時代に生まれていたら確実に派遣切りに遭って、派遣村にいたんだよ！　その程度だ、おまえなんか！　よかったな、さっさと定年退職して年金もらえてな。ずるいやつらだな。年金保証されてカネ余ってるんだよ。貯金も持ってて。ふざけた話だよ。全然わかってないんだよ。確かに貧乏から始めたかもしれないけれど、その時代は上昇するしかなかったんだから。ところが今は上が見えないわけでしょう。その時代の違いを考えなければいけないよ。

Part 4

「魂」をつくる教育とは？

ゴーマニズム宣言PREMIUM 修身論

英才教育 恩師アリさん

わしは
真言密教の
祖父の寺で生まれた！
寺は
人里離れた
山奥にあり
200人からの
信者が
参りに来る
信者が
修行する中
まだガキの
わしは
修行の
意味も
わからず
シャワーの
つもりで
滝にうたれ
カニや魚と
たわむれて
遊んでいた…
ドドドドドドドド
ナウマク
サマンダバ
ザラダン
カン
イエーーイ
キエーーイ

両親は町に越していたのだがいつも寺に帰って過ごすことが多かった…
ポクポクポク
わしはバチあたりにも本堂のタイコやカネや木魚をたたきまわしてほえ狂ったり…
不動明王の恐ろしげな顔を見ながら…
畳にべた〜〜っと頬をくっつけてまどろむのが好きだった……
だらだらするのが好きだった
ボケーッとするのが好きだった
幼年期はたんたんと時が流れた…
だれもわしを管理しなかった…

時間も空間も
無限に
拡がっていて…
自分の行動の
選択肢も
無限にあった
『何をして遊べば
最も快楽を
得られるか?』
その選択眼を
本能に叩き込んだ期間
…それが幼年期だった
そして
幼年期
わしは
早くも
人生
最大の師
と遭遇
していた
その師とは…
「アリさん」
であった!
師アリさん
からは
あまりにも
大きなこと
を学んだ
おさいせんを
集めてきなさい
と言われて
お堂や地蔵さんを
巡る途中
わしは
数万匹の
恩師に
出会った
じりじり照りつける
おてんとさんの下で
わしは一日中
恩師と問答した…
とつぜん
大障害!
疑問…
とまどい
恐怖…
挑戦…
発見!
克服!!
う〜〜〜ん
すごい!

アリさんの
行列に
大洪水だ
――っ
アリさん
あわて
ふためいて
パニック
――
でも
水がひけば
また
秩序回復
アリさん
熱射地獄
だ――っ
アリさんの
身体は
黒いから
虫メガネに
弱――い!
アリさん
この事態が
わかるか?
なぜ
こんな目に
遭うか?
なぜ
この不幸に
自分が
選ばれねば
ならんのか?
アリさん
わかるか
――っ
何の意味も
ないんだっ
神の
気まぐれだっ
この
と――とつな
地獄死に
何の意味が
あるのか?
この存在の
無意味さに
アリさん
たえられるか
――っ

わしは泣きながら帰つた…
めしも食えなかつた
一晩中罪悪感に苦しんで悪い夢を見た
「存在と意味」「神と運命」「罪と罰」
師、アリさんは哲学と宗教の命題を幼年期のわしの潜在意識に植えつけてくれたのである
大人の知らない所で幼年期のわしは『わしだけの世界』を形作つていた
大人が見てたら絶対止められるようなとんでもなく危険なこともしていた…
だが本能はきたえられ直観は研ぎ澄まされ…
後の創造につながる**霊感**のようなものが蓄えられていつたことは間違いない
さて、そんなわしが小学生になつた時…
わしは「勉強」という領域では完全にバカだつた!

今、みんな何してるのだろう
あの人は黒板に何を書いてるのかな？
1+1=
1+2=
1+3=
この紙は何だ？
こばやしよしのり
1+1=
1+2=
1+3=
1+4=
この記号は何だ？
このって何？
わしはの紙をいっぱい母親に見せた…
母親は青くなって指を使って数え始めた
そうか学校ってこーいうことしに行くとこか！
これが勉強とゆーものか…
なぜこんなことするのだろう？
まあ、こんな調子だった…
今は0歳から英才教育を始めるそうである！
HELLOW
MY
IS〜
YOU
TREE
HOUSE
APPLE
CUP
この前NHKに出て…
その実態を見せられたが……
平成世の中研究所
英才教育は本当に役に立つのですか？
親がべったりつきそって勉強を教え…
名門幼稚園名門小学校に快進撃している
英才さんすう

ただここでまた言葉のまやかしがあるのだが、これは「英才教育」ではない！『早期受験教育』なのだ！
名門大学
名門高校
名門中学校
名門小学校
名門幼稚園
幼児学習テキスト
国生さゆりがビデオに映る「血まなこで子供に勉強教えてる親」の姿を見て…
オタッキーみたい
…と言ったのでわしも同感して…
親が自分の生きがいを喪失して教育オタクになっちまっただけだ！
…と発言したがやっぱビデオに出てた親を中傷することになるのでカットされた…ムリもない
TVでは言えないことが確かにある
例えばわしが考えたのは……
幼年期に本能をつぶされてまで受験マニュアルをたたきこまれて育つこの子供たちは社会に出た時自殺する可能性が高いな…
…というような予感である！
幼年期というのは人間が世界に無秩序に放り出され
自己の行動を選択しながら…
快感と苦痛と…
好奇心と恐怖心と…
いろんな本能をきたえる時期である！
この″自分作り″を潜在意識にしみ込ませる日々がすっぽりぬけ落ちて…
いきなり管理されて受験マニュアルロボとして育てられていくと、どーなるか？
これは恐るべき実験である

受験ロボが
社会に出た時…
マニュアルでは解けない
社会の無秩序な
問題に直面した時…
受験ロボは
一気に
悩みや迷いが
噴出して…
自己崩壊
してしまう
だろう
死ななければ
いいのだが
……
わしは
予言者として
必要最小限
の責任は
果たして
おいた…
少なくとも
10歳までは
子供の
好きなように
遊ばせて
おくべきだ
ごーまんかまして
よかですか?
親が管理して
受験マニュアルロボ
にするのは
早期受験教育
にすぎない!
真の
英才教育は
子供の好きな
ことをさせとく
ことである!!
遊び
ピアノ
勉強
絵画
読書
相撲

ゴーマニズム宣言PREMIUM 修身論

近代的個人は「オレ様」に堕した

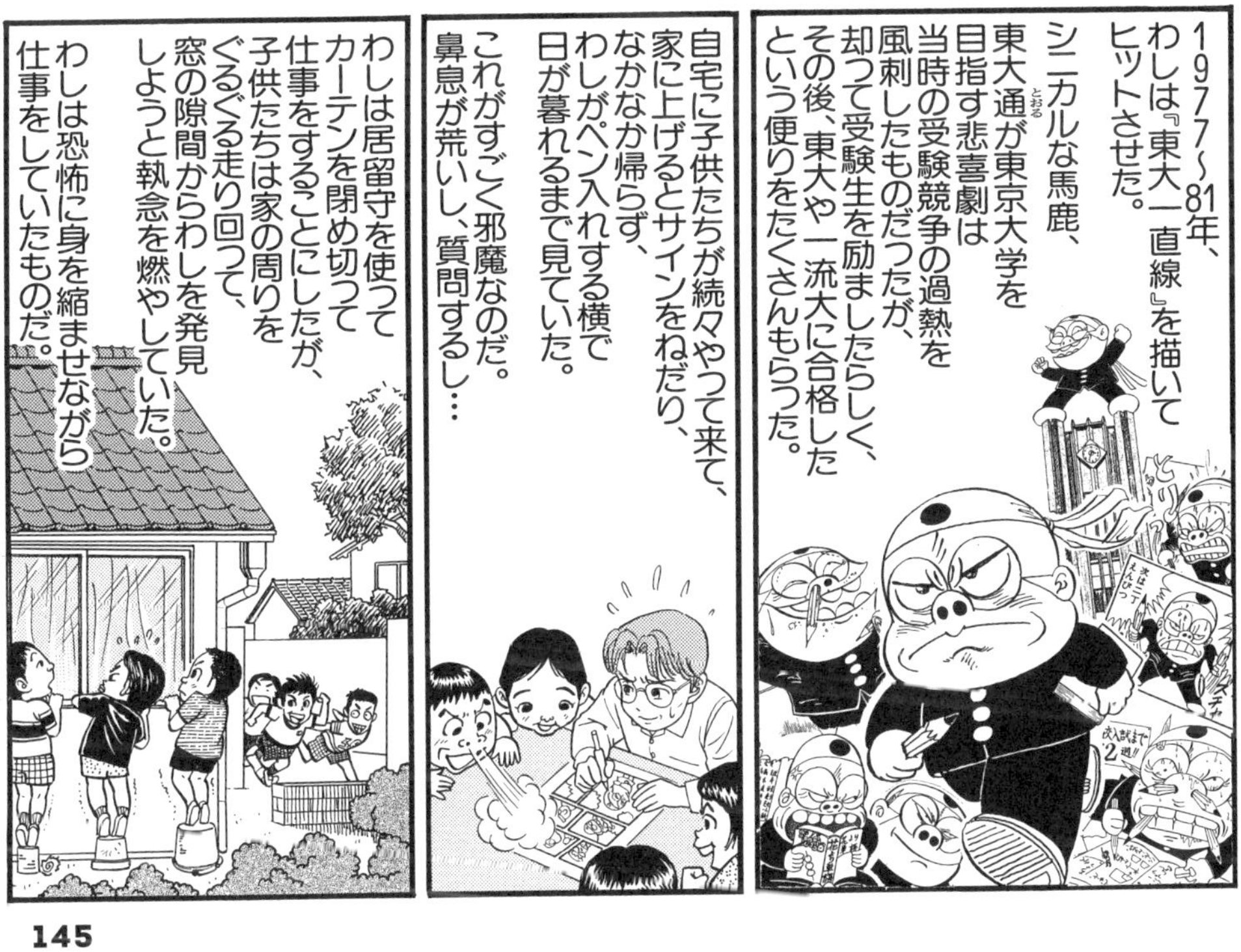

1977〜81年、わしは『東大一直線』を描いてヒットさせた。

シニカルな馬鹿、東大通《とおる》が東京大学を目指す悲喜劇は当時の受験競争の過熱を風刺したものだったが、却って受験生を励ましたらしく、その後、東大や一流大に合格したという便りをたくさんもらった。

自宅に子供たちが続々やって来て、家に上げるとサインをねだり、なかなか帰らず、わしがペン入れする横で日が暮れるまで見ていた。

これがすごく邪魔なのだ。鼻息が荒いし、質問するし…

わしは居留守を使ってカーテンを閉め切って仕事をすることにしたが、子供たちは家の周りをぐるぐる走り回って、窓の隙間からわしを発見しようと執念を燃やしていた。

わしは恐怖に身を縮ませながら仕事をしていたものだ。

当時のマスコミ、知識人、文化人はこぞって受験競争の過熱を批判し、「おちこぼれ」を出していることを問題にした。

受験競争におちこぼれた中・高校では、80年前後、「校内暴力」が吹き荒れ、生徒たちは学校に明確な要求があるわけでもなく、ただ校内の窓ガラスや器物を破壊して暴れた。

80年頃から97年頃まで、マスコミは「学校は生徒を管理している！自由で主体的な〝個〟（近代的個人）の発育を阻害している！」と学校や教師を批判し続けた。

いじめによる自殺、校門圧死事件、教師の体罰による生徒死亡、不登校、引きこもり、すべてが学校や教師の「管理教育」のせいだというバッシングがなされた。

わしは、東大通を東京大学に合格させた後、しばらく時代についていけなかった。

日本はプラザ合意（1985年）を経て、バブル経済に突入した。

金余りで狂った日本の若者は、女と車とファッションにしか興味を持たなかった。

POPEYE
そんな中、中曽根内閣の臨教審が「学歴社会の弊害の是正」を答申し（87年）、これを受けて文部省は「ゆとり教育」への転換を図る。

それまでの「詰め込み教育」に代わる「ゆとり教育」は、「新しい学力観」を採用し、子供の「自由」「ありのまま」「個の自由」を尊重して、学校や教師による生徒の管理をなくすことが目標とされた。

わしはついに次のヒットを出した。
『おぼっちゃまくん』（1986～94年）で、
まさにこの拝金主義の時代を風刺し、
今のホリエモンの原形となる
袋小路《ふくろこうじ》金満《かねみつ》くんも、すでに描いていた。
アニメ化され
その頃から全国の
子供たちは
わしをこう呼んだ…
よしりん！
連載途中、1990年、
バブル崩壊。
92年からわしは
『ゴーマニズム宣言』を始め、
若者・大人に注目され、
次第に重心を
大人向けに移していった。
ゴーマンかましてよかですか？
子供漫画から
遠ざかっても
子供の本質は
変わりゃしないと
タカを括っていた。
92年、学校では
学習内容が
削減された。
親たちは学力低下を
不安視して、
首都圏を中心として
子供を学習塾に
通わせるようになった。
富裕層では、公立校よりも
私立校に通わせる家庭が
続出するようになった。
1997年から、
少年の凶悪犯罪が相次ぐ。
少年Aの
神戸児童連続殺傷事件。
バタフライナイフでキレる子供続出。
佐賀バスジャック、等々。
オヤジ狩りは軽犯罪にすぎなかった。
そして1998年には
小学1年生からの
「学級崩壊」が発覚して
人々に衝撃を与えた。
「ゆとり教育」は
それでも続けられた。
2002年、
完全学校週5日制
の実施。
「総合的な学習の
時間」の新設。
その結果なのか、
2003年の
国際学力調査で
日本は「読解力」が
前回8位から14位。
「数学的応用力」は
1位から6位に転落した。

最近の子供が起こす事件では、朝日新聞など左派マスコミが単純に学校や教師の「管理教育」を批判するやり方は完全に説得力を失った。

朝日新聞
そんな中、村上龍氏が神戸の少年Aの事件について、「日本はすでに近代化を達成した。なのに誰もそのことをアナウンスしないし、個人的な価値観の創出も始まっていない」というようなことを書いた。

「オウムも援助交際も子供のいじめもこの国の人間が抱える寂しさが原因で発生した」と。

村上氏の言い方は、学校の管理教育批判ではなく、子供の変化そのものに目を向けたものではあったが、「近代的個人というものがあるはずだ」「個の確立が必要だ」という文脈においては、依然として今までのマスコミ進歩的知識人と同じ信仰である。

そもそも共同体から切り離された「個」というものがあるのだろうか？

わしはそこに疑問を持っている。

だが最近「プロ教師の会」の代表、諏訪哲二氏の著書『オレ様化する子どもたち』を読んで衝撃を受けた。

オレ様化する子どもたち
諏訪氏は、確かに日本はすでに近代化が終わった国であり、すでにそのことは、子供・若者たちにアナウンスされており、「個人的な価値観の創出」も始まっている、と言う。

「不登校」も「いじめ」も「援助交際」も「引きこもり」も、日本が近代化を達成して、大量消費社会、高度情報化社会に突入したからこそ、子供たちの内面に変化が現れ、ついに「個人的な価値観の創出」が始まったのだと、諏訪氏は言うのだ。

近代化した日本で出現した新しい「個」の有り様とはどんなものか？

それは一体、どんな子供なのか？

例えばある女生徒がカンニングをしていた。

教師が発見して注意すると、その生徒はこんな反応を示した……

カンペイ（カンニング・ペーパー）は暗記するために作ったのです。

カンニングするためではありません！

従ってカンニングなどしていません！

あるいは、授業中に私語をしている生徒に注意すると……

横向いてしゃべってたって授業はちゃんと聞いてるよ！

これぐらいしゃべってたって授業の邪魔にはならねえだろうよ！

こんな生意気なガキは怒鳴りつけてやれ、とわしは思ってしまう。あるいはとことん言い負かせ、と。だが教師がそのような威圧的な説教をすると、彼らは全人格を否定されたかのように受け取り、キレる。そして永久に和解できなくなるという。

昔のワルは自分のわがままを自覚して反抗していた。

だが今の子供たちは全く自分がワルだとは思っていない。

自分が客観的に正しいと確信している。

主観と客観が一体化して自分が思うことはみんな思うことだと信じている。

そのような内面を持つ子供たちを、諏訪氏は「オレ様化」したと表現する。

これこそが近代化した日本に新しく出現した「個」の有り様だと言うのだ。

私語をしている生徒には、トラブルを避けるためにこう言わねばならないそうだ…
○○君、しゃべっているように見える。一度注意します。
…

馬鹿馬鹿しいようだが、こう言わないと授業が成り立たなくなるらしい。

この「オレ様化」した子供の感覚を説明するとこうなる。

子供たちはもはや「共同体的な贈与（愛・恩義）」の中には生きていない。

人と人との関係性を経済的に数量化して捉える「市民社会的な商品交換」の中に生きている。

子供たちは「消費する個」として大人と対等になったのだ。

カンニングをした女生徒は学校側が下すであろう「処分」が、自分がした行為と釣り合わない、つまり「等価交換」にならないと判断したわけである。

カンペイ（カンニング・ペーパー）は暗記するために作ったのです。

カンニングするためではありません！

従ってカンニングなどしていません！

私語を注意された生徒は、そもそも他の生徒や教師との間に「共同性」を感じていない。

しゃべりたいからしゃべっているだけで、迷惑という観念がないのだ。

横向いてしゃべってたって授業はちゃんと聞いてるよ〜

これぐらいしゃべってたって授業の邪魔にはならねえだろうよ〜

そういえば電車の中で足を広げて座っている若者を昔なら大人が頭ごなしに叱ってもよかった。

こら！年寄りに席を譲れ！

だが今の若者は…

そんな言い方はねえだろ！

優しく言ってくれればわかるじゃねえか！

…と怒る者が多い。

これも若者は自分の行為と叱られ方が「等価交換」にならなければいけないと考えているからだろう。

電車の中の若者を注意するにも、「等価交換」を考えて、
足を広げ過ぎのように見える。

ちょっと閉じるか、もし君がよければ、年寄りに席を譲ってみてくれないかな？

…とでも言うしかないのかもしれない。

昔は、大人は子供を
「理不尽」に叱ることもあった。
大人には権威があった。
それも大人が子供に
共同体のしきたりを、
教え込むためだった。
1980年頃から、
日本は「共同体的なしきたり」から、
「市民社会的な商品交換」の時代に
移行し、子供の内面が
「消費する個」として自立してしまった。
なんのことはない。
これはまさに、小泉・竹中の
グローバリズム経済に
無防備に日本を投げ込む
「新自由主義」のための
「個」ではないか!
新自由主義経済は、
「共同体の崩壊」なしには
進められない。
小泉・竹中の新自由主義を
支持する自称・保守派にとっても、
家族・地域・学校・会社などの
共同体への帰属感なしで
自立できる「個」の誕生は
喜ばしいものであろう。
もはや崩壊寸前の
共同体などには帰属せず、
「自己決定」で行動し、
「自己責任」を負う主体、
まさに新自由主義のため、
グローバリズムのための
「個」が出現してきた。
「オレ様化」した
子供たちこそが、
この市場原理主義の
時代の「個」の有り様なのだ。
わしは都内の公立小学校に
取材に行った。
『わしズム』の写真撮影を
兼ねていたので
『おぼっちゃまくん』の立て看板を
持って…
集団に属さない自立した
「個」に出会えるだろうか?

屋上に運動場がある。立て看に子供たちが近寄ってくる。
もう十数年前に終了した漫画だから、彼らが知ってるはずはないのだが…
『おぼっちゃまくん』だ！
え？何で知ってるの？
児童館で見た。
児童館？
うちの押し入れの中にあるよ。
柿野くんと沙麻代ちゃんも知ってるよ。
かーねもち カーメもち♬
えっ？アニメの歌まで知ってる子がいる！
写真撮影するわしの周りを全力で走り回る子供。
圧倒的に無邪気で元気だ。
給食を子供たちと一緒に食べた。
男の子たちもちょっとオシャマな女の子たちもすごく気軽に話してくれる。
5年生だがそれがもうかわいくてかわいくて。
女の子がラーメンのおかわりもしていた。
もうだめ。わし腹いっぱい。ミルクだけ残す。
あたしより食べてないじゃな〜〜〜い！
驚いたのは教室と廊下を隔てる壁がないこと、教壇もない。
しかし学級崩壊もなく、ちゃんと真面目にはつらつと授業を受けている。
先生に向かって意識は集中している。

その日は5年生が四季劇場に観劇に行く。

女教師が整列させ、静かにさせ、徒歩で劇場に行くに当たっての注意をする。昔のままの光景だ。

次に校長が、
全員、こっちを見て。ほら、まだ見てない者がいる。

他の学校からも生徒が参加します。6年生はりっぱでした。君たちも、まもなく6年生になります。

ちゃんと、ある程度の威圧も込めて子供をまとめている。見事だ。

学校を出ていく時も整然としていた。

小学生の子を持つライターのO氏が言う…

ここは特別ですよ。うちの子も転校させたい。

O氏の子供の小学校では学級崩壊に近いクラスもあるらしい。

一般的には、いじめも引きこもりも増えていることは確かなようだ。

子供の引きこもりを治す仕事をしている長田百合子さんの名古屋の事務所を訪ねたら、二組の夫婦の相談を受けておられた。

まず親の意識を変えるところから始めるようだ。

公務員らしい身なりのりっぱなインテリ風の父親がわしに気付いたらしく、帰り際にわしに一礼して行った。

長田さんの塾には親から預かった子供たちが共同生活をしている。

一見して普通のかわいい子供たちだ。

この塾で共同体のしきたりを教え、
家族共同体の再生をも同時に目指すのだろう。

わしはそもそも
「共同体から
切り離された
個人」というものの
存在を認めない。
「近代的個人」とか
「個の確立」という考えそのものが
信仰だと思っている。
戦後の進歩的知識人が
とり憑《つ》かれてきた
虚構だと思っている。
個人は関係の綾《あや》の中に
成り立つ。
従って「共同体」が、
個人を安定させるために
どうしても必要である。
それがわしの考え方だ。
資本主義が純粋化して
社会が徹底的に市場化する中で、
子供たちが、人間関係を
「贈与(愛・恩義)」よりも、
「等価交換(損得勘定)」でしか
捉えられなくなったのは、
確かに「オレ様化」している。
しかしそれは、あくまでも「私」の肥大であって、
「個人性」は柔軟さを失い、縮小してしまっている。
「個人」は己の人格を
公に表現したり、
集団の規律に従ったり、
あるいは私的な情念や
集団への帰属にこだわったり
いろんな表れ方をする。
そのバランスを取るために、
法律や道徳が必要なのだ。
ごーまんかまして
よかですか?
公共性なき「私」、
集団性なき「個」など、
人格としては
不完全なだけである。
共同体を必要とせぬ
近代的個の確立という
戦後の知識人の寝言は、
ついに子供の人格の
「オレ様化」に堕したのだ!

Part 4
「魂」をつくる教育とは？
解説

「あきらめなければ夢は叶う」は本当か？

自然の中で生存本能を育む

よしりん　やっぱり十数年前の作品では、前提となる社会状況がまったく変わっている部分もあるね。例えば『恩師アリさん』の章の「子供の好きなことをさせておけ」という結論は、いま見るといわゆる「ゆとり教育」を薦めているように誤解されそうだけど、この作品を描いたころはまだ「ゆとり教育」なんて言葉は一般に浸透しておらず、受験勉強や英才教育の是非ばかりが論じられていた時代だった。そしてここで言いたかったことは、「英才教育」だの「ゆとり教育」だのという以前の段階の話なんだ。

トッキー　学校教育を受ける前の話ですよね。

よしりん　そう。人間の脳の一番根幹の部分が作られる段階において、本来どんな教育がなされなければならないのか。それはまず、生存本能のようなところを育てることだと描いたわけだ。それがこの時点ですでに失われていると。

　自然の中で遊ぶことでしか学べないことがある。ある意味で宗教的な感覚が、自然の中にはあるからね。自然というものは、人工的なおもちゃと違って予測がつかない。こういうものを子供に与えたら、こういう反応を示すから売れるはずだというような計算の上で作られたものとはまったく違う。その非合理的な環境

の中で、自然の不可思議さや畏れを感じ、人間の卑小さを自覚することで、ある宗教的な感覚が心理の基層部分に蓄えられるわけだ。

トッキー　それが家の中でゲームばかりしていたら身につかないことになりますね。

みなぼん　でも、子供時代の先生が学校の帰りにいろんなところに寄り道しながらひとりで遊んでいるコマがあるけど、いまこんなふうにちっちゃい子供がひとりで歩いていたら、いろいろと心配になるじゃないですか。

よしりん　昔は「肥《こえ》たご」があったからなあ(笑)。肥たごの中のカエルを釣って遊んでた。長い草の先を丸くゆわえて、カエルの目の前に持っていくと、ポンと飛んでその輪の中をくぐろうとする。そこでパッと引いたら、腹とか股のあたりでクッとしまって、つかまえられるの。それで、ピョーン、ピョーンと飛ぶカエルの手綱を持って、はいどうどうって遊ぶの。

トッキー　この絵だけだと、何やっているところかわかりませんでしたけど。

よしりん　そうなの？　普通にこうやって遊んでいたけどな。

トッキー　そもそも肥たご自体がないし、もしあっても、今だったら柵で囲って子供が近づけないようにしておかないと、大変なことになりますよ。

よしりん　で、ちょっと路地に入ったら他人の家の中なんか丸見えだったからね、昔は。

トッキー　こんなことがやれる環境自体がなくなっているし、人工的に作れるものでもないですしねえ。

よしりん　都会に住んでると錯覚してしまうけど、ちょっと田舎に行ったら、今だってこんな環境のところは多いんじゃないの？

みなぼん　でも田舎に帰省しても、そういう子供は最近見ないですよ。全国、どこでもプレステもＷｉｉもあるし。

よしりん　アフガニスタンにもｉＰｈｏｎｅがあるという時代だからなあ。まあ、幼年期にマニュアルを叩き込まれて社会に出た子は自殺する可能性が高いなんていうのは、ちょっと脅かしすぎかなという感じがするけどね(笑)。

トッキー　でも、ありそうな話ですよね。ずっと受験勉強の優等生だったのに、大学卒業して社会に出たとたんに適応できなくなっちゃうなんていうのは。

よしりん　実はある出版社に就職したばかりの社員が、数か月で自殺したという事件が起こったので、その事件にも影響されてるんだよね、この作品。

みなぼん　意識の基底に自然という宗教性を蓄えてないから、「草食系」とかいう男性が増えてるのかもしれませんよね。

恩師・アリさんに学んだもの

よしりん　しかし、本当にアリの行軍って不思議じゃなかった？

みなぼん　どこに向かっているのか追っかけたりしましたよ(笑)。

よしりん　どこから来たのか追跡したり、巣穴におしっこしたり、そういうことやるでしょ。それで虫の死骸なんか運んでいたら、不思議で仕方がない。擬人化して見る部分もあるからね。こいつら何なんだろう、全然個人主義じゃないなあとか(笑)、全員で力合わせて、誰がどうやって指揮してるんだろうとか。

都会の家の2階の部屋でも、ちょっとお菓子か何かこぼしたら、翌日には必ずアリが来てんだよ。それが不思議だったなあ。どこから、2階のお菓子のにおいをかぎつけてんの？　すごいなあ、超能力だよ(笑)。あと理科の実験でアリの巣作らなかった？　薄いガラスの水槽みたいなので。

みなぼん　それは今でもやってるんじゃない？

よしりん　アリの巣が断面図みたいに見えて、すごく不思議だったね。なんか夢の国みたいな感じがして、楽しくなるんだよね。

みなぼん　アパートみたいにいろんな部屋ができるんですよね。

よしりん　こんな小さな連中が、都市国家みたいなものを作っていく感覚、それを傍から眺めていられるわけでしょ？　不思議だなーと思いながらああいうものを見ることによって、自分の視座が神の視座になったり、生物の中に自分を映しこんで、こうやって自分たちも生活してるのかなと思ったり、いろんな複雑な感情が、理路整然とした形ではなく、パッと入ってくる感覚がある。そういったことは全部子供のときに体験できるし、そういうことから学ぶものはすごく大きいよね。アリを虫メガネで焼き殺せなんてことは学校じゃ絶対教えない(笑)。自分で思いつくことでしょ。

みなぼん　でもみんなやっちゃうんですよね（笑）。
よしりん　学校じゃ教えない、教科書には書いていない、でもやりたくなっちゃう。そこに何か、やりたくなっちゃう理由がある。それは何かといえば、やっぱり全能感だね。自分が神になって、小便ぶっかけて大洪水起こして、混乱している様子を見るところに快感ってものがあるわけですよ。
トッキー　そのうち感覚が逆転して自分がアリの立場になったような気がしてきたりして。
よしりん　そうそう。人間だってこんなもんだよなー、台風になったらこんなふうに死んじゃったりするんだからと思ったりもする。そういうことは自分で発見して、自分で蓄えていく経験だもんね。世の中すべてが人工的ではないはずで、こういうものの中で生存本能のようなものが蓄えられるのだろうと思う。
みなぼん　アリを虫メガネで焼き殺して、そのあと泣いて帰ってご飯も食べられなくなって、ものすごく罪悪感に苦しむという場面もありましたけど、やっぱり人間の心は残酷な部分を持ち合わせているもので、それに対してどう罪悪感を持つか、それとも持たないのかという差も、子供のころの経験って大きいですよね。
トッキー　罪悪感とか、反省とか、後悔といった感覚は生まれながらにして持っているものじゃなくて、どこかで学ぶものですからね。それを学ばないままに育ったのか、居直ってしらばっくれていれば勝ちみたいな態度の人間が、いまは多すぎるように思いますけど。
よしりん　小沢一郎なんか、延々と悪い模範を示してるよな。いくら悪いことをしても、居直っていればそのうち人は忘れて支持し始めるというパターンを何度も繰り返して、「ばっくれたもんが勝ちの時代になった」という、本当に悪い影響を与えている。
　バチは必ず当たらなければならない。法の前提には「当為」があるはずだ。つまり、罪を犯した者は罰せられる「べきである」という倫理だね。ところが成文法には必ず抜け穴があるものだから、罰せられる「べきである」という倫理観を達成できないことがある。でも、検察が起訴できなかったからといって、あの人は正しい、悪いことはしていないなんてことはありえない。
　法とは常に不完全なものなのだから、法が届かない部分はやはり、人々からの「偏見」といったもので批判を浴びなければならない。成文法よりも、不文の倫理観のほうが本来、世の中においては重要視されなければならないはずなんだ。

トッキー そういう感覚も、子供時代に理路整然とした形ではない状態で入ってきたほうがいいんでしょうね。

よしりん ばっくれても許さん、法をうまくすり抜けたって、俺たちは許さんからなという感覚を持っていないといけない。そうでなければ、一昔前、「援助交際」とかしていた女子高生なんかが「援交は売春じゃない! 私がなにか法でも犯した?」とか言っていたのと同じになるからね。

ここ十数年で子供の質が変わった

よしりん それにしても十数年前はまだ、子供の教育について語るときに「自然の中で生存本能を学ばせろ」というようなことから言い始めればよかったんだけど、最近ではそれ以前の段階から語らなければならなくなってしまっている。まず「子供にはちゃんとしつけをしろ」というところから話さなければならないんだよ。以前は子供に「しつけ」がされているのは前提の上で教育の話ができたのに、今はそれが崩れてしまっている。そこがすっかり変わっているんだよね。

みなぼん 「学級崩壊」が話題になった時点で決定的に変わりましたよね。諏訪哲二さんの『オレ様化する子どもたち』にもあったけど、今はもう子供の質そのものが変わってしまっている。

よしりん しつけそのものがされてないということと、損得勘定でしかものを考えないようになっていること、おそらくこの二点で子供の質が変わっちゃったんでしょう。

この前、陸上自衛隊の少年工科学校(現・高等工科学校)を取材に行った。この学校は、中学を卒業した子供が3年間勉強と訓練をする幹部候補養成校なんだけれど、その学校長に「愛国心教育」をしているかと聞いたら、教えていないと言う。では何を教えるのかといえば、しつけ、マナー。人の心がわかるかどうか、それを教えると言っていた。上官や上級生の言うことはよく聞く、そのとき目上の人への敬意の払い方、態度のとり方、まずそういう基本的なことが第一だと言っていた。そこから教えなければならないわけ。そしてそれを学べば、ことさらに「愛国心」など教えなくても、そもそも自衛隊に志願して入学して、苦しい訓練をしているわけだから、この訓練はなんのためにしているんだろうと自問自答するうちに「愛国心」は自然に身につくということだった。

トッキー　実際、3年間をこの学校で過ごした卒業生の態度は、普通の10代の子供とは全然違いましたね。

よしりん　一般的な教育の問題は、まず子供のしつけがされていない。そしてもうひとつ問題なのは、子供のうちから損得勘定でしかものごとを考えないという発想が身についてしまっている。これをやったら得になるのか、損をするのかということでしか考えないから、叱るときにも「等価交換」になる形で叱らなければならない。理不尽さが許されない状態だから、子供が行った悪さに対して、ちょうど均衡のとれる程度の叱り方に加減しなければ、「なんでそこまで言われなければならないんだ」と子供が怒り出すような現状になっている。それで教師も非常に難しいことになっているということらしい。

トッキー　少年工科学校の生徒は自衛隊を志願しているわけで、いざというときは自分の命を賭ける覚悟をしているから、「等価交換」の損得勘定という感覚はないはずで、そこが決定的に違うんですけど。

みなぼん　それにしても「等価交換」で「しつけ」なんかできるの？　しつけって、「ダメなものはダメ」とある意味理不尽なくらいの力でおさえつけなければならないところもあるんじゃない？

よしりん　だから、目上の人には敬意を示せとか、親には敬語を使わなければならないとか、大人の言うことはなるべく聞くようにしなければならんという感覚もないんだろう。学校の先生も「友達」感覚で、なんで学校の先生の前でかしこまらなければならないのかがわからない。ひょっとしたら「敬語」というものがあるということすらわからなくなっているかもしれないな。

あきらめることだって大切

よしりん　一時は「受験勉強」がまったく悪しきもののように言われていたけど、本当は受験による振り分けというものも必要といえば必要なんだよ。それが「平凡」への強制とつながっているところもあるからね。ところが作家なんかの目から見ると、受験勉強とかを最初からそれほど価値のあるものと捉えていないから、じつに簡単に「受験勉強なんか意味がない」というようなことを言ってしまう。これは問題なんだよね。それは本当は物書きの感覚であって、一般的な感覚ではない。

トッキー 先生は作家なのにそういう指摘をするところが珍しいですよね。

よしりん だって、うちの親父だったら絶対にこんなふうには言わなかったからね。公務員だったから。

世の中に「教育論」のような意見はいろいろ出回っているけれど、非常に特殊な仕事をしている人、特に作家なんかしている人の意見は、どれだけ役に立つものかわからないんだよね。そもそも作家はみんな「個性が必要だ」と言うし、「受験勉強なんかで無個性な人間をいっぱい作り出しても仕方ない」と言うものなんだよ。テレビなどが今の教育を批判させるために、ちょっと作家なんかを出してコメントさせれば、必ずそういう発言になっちゃう。

でも、それは自分がそうしてきたというだけの話で、万人に通用するというものではない。誰も彼もが作家の生き方なんかマネしてしまったら、大変なことになってしまうよ。そこは注意しておいたほうがいい。

みなぼん ミュージシャンとかスポーツ選手が、「夢はあきらめないで追い続ければ、必ずかなうものだ」なんて言うと、「え〜?」と思ったりしますけどね(笑)。

よしりん そりゃ、あんたはかなったんだろうけど、市井の人々にはかなわない夢だってありますよ、当然。マラソンの高橋尚子が「あきらめなければ夢はかなうってことを、みんなにメッセージとして伝えたくて、私は走ってます」とか言うのを聞くたびに、なんかもう、やめてよと言いたくなったもんだ(笑)。じゃあなんで現役引退したわけ? あんただって、金メダルをとれなくなる日は来たんでしょう(笑)。

トッキー 実績のある人に「夢はかなう」と言われると、なかなか反論しづらいですけどね。

よしりん 「がんばれば夢はかなう」なんてメッセージはイヤなんだよ。そんなウソを教えちゃいかんよ。みんな本気で走り出したらどうするんだ(笑)。いくら夢があっても、誰にでも金メダルは取れないだろうって。

トッキー あきらめることも必要だと。

よしりん そうだよ! あきらめることの重要さも教えなきゃいけないよ。さっさとあきらめた人にもインタビューしないと（笑）。100メートルくらい走ったところで、「あ〜もうダメだ！　スタート時点でわかりました！　あの人たちは速い！」なんて（笑）。そういう人に助けられる人だっているはずなんだから。
とにかく、特殊な人の意見ばっかり聞いてちゃダメだよ。

みなぼん　ちょっと前に村上龍が『13歳のハローワーク』なんて出してましたよね。

よしりん　そうそう。自分に合った仕事を選べるはずだと。どこにあるかい、そんな仕事！（笑）　そんなに誰でも自分のなりたい職業に就けるかよ！　ムチャクチャなことを教えてるなあ。
自分のやりたい仕事なんて、なかなかやれないものなんだよ。それが現実なんだから、誰でも望めば希望の仕事をやれるみたいな、ありもしない幻想を与えちゃダメだよな。

Part 5

「いじめ」とどう戦いますか？

ゴーマニズム宣言 PREMIUM

修身論

わしのいじめ体験を告白しよう 1

山形県新庄市で
中学1年の少年が
学校でイジメにあい
丸めた体育用マットに
頭から逆さまに
押しこまれて死亡した
生徒3人
悪質
死の有平君
じめ殺人？
なぜ見抜けなかった
きんさの陰に
めのサイン』
自然なギャグ…いつからか
「受け」気に病
入学時から いじめ
少年は手塚治虫に憧れ
マンガ家を夢見 ひょーきんで
ギャグで周囲に溶けこもうとし
卓球部に所属し…
ここまで
全てわしと
同じである
わしに
そっくりな少年が
イジメられて殺されとる
仇をとらにゃいかん！
わしは思春期の頃
イジメをしたことも
されたこともある
イジメの
メカニズムを
解明するために
正々堂々
まずイジメをした方
から描こうじゃないか！
中1の時
仲のいい4〜5人の
グループの中で
1人 劣ってるやつがいた
勉強ができんかったし
何となく上品な家庭じゃ
ないことがわかるやつだった
こいつがえじきになった
当時『忍者部隊・月光』
ちゅーマンガが流行ってて
手の平をポンと叩いて
進行方向を指さしてから
そっちへ走っていくという
忍者部隊の行動パターンが
わしらの間でウケていた
ポン
ピッ
サササササ…
このゲームをわしらは
劣った1人を仮想敵にして始めてしまった
そう…確かにイジメはゲームだったのだ！
ポン
ピッ
ササササササ…
？
そいつが近づいてくると
みんなで方向指示を出しあって
そいつから一斉に離れ 絶対そいつに
近づかんでシカトするようにしたのだ
ポン
ピッ
？
サササササ…

そいつは最初わけがわからん風で…
やがて笑って声をかけ…
しまいにゃおこりだし…
ついに泣きべそかぶり…
とうとう暗くふさぎこんでしまった…
このイジメの過程での相手の反応が生身の人間相手だから 予測不可能でスリリングで楽しいのだ
そいつは弱者のくせにナマイキにわしらのことを無視するようになり
あきらかにわしらを軽蔑すらしている様子で
えらそーにけっこうタフな精神力で1人行動しているものだから
ついにわしらはハラがたってきた
せっかくの刺激的なゲームもこれ以上面白い展開が見られなくなってきて不愉快になってきた
くそっ つまらんやつだな イジケやがって…
大体暗いよな あいつ…
勝手なことばっかりぬかして罪悪感も伴ってどんよりした毎日になってしまい
この不快感はすべてあいつのせいだと思うようになった
顔も態度もすべて不快なやつだとののしりあい そいつは完全に村八分になって苦悩していた
結局そいつは教師に言いつけて わしらはこづかれ そいつの前であやまらせられた
実に不愉快で後ろめたくてうんざりする日々が教師にムリヤリあやまらせられたおかげでよーやく終了した
大人に見つけてもらってよかった!
大人にこづかれてしかられてよかった!
なんせゲームなんだから相手の気持ちなんか考えてやしないんだ
イジメられる方もさっさと言いつけてくんなきゃ こっちも弱者に反抗されちゃ そのうち暴力もやむをえんって気になっただろう わしらクソバカガキだったんだから!
さて今回はイジメの加害者の心理を懺悔してみた
わしらに何かストレスがあったわけじゃなく はずみで始まったゲームとしか思えん
次章ではこのわしがイジメられたケースを描写してさらにイジメについての考察を続けるので 教育関係者はしっかり読むように!

ゴーマニズム宣言
PREMIUM

修身論

わしのいじめ体験を告白しよう②

今でこそ ゴーマニストを 気どっているが ……
わしは 中2の時 まだ毛も はえそろわぬ 未熟者で あったことを…
ファンの皆様 並びに関係各位に 深く陳謝する ものであります
さて ちん毛なしの もやしガイ であるわしは 当時 女生徒からすら からかわれていた
ひょーきん者 だったので かわいがられて いた…とも いえる
そんな中 本格的な ワルが 転入してきた!
万引・恐喝・暴行 などの体験者であり その中学生離れした 体格・顔つきは ちん毛ボーボーを彷彿と させる威圧感があった
もちろんすぐさまクラスで いっちゃん強いヤツを叩き のめして周りにニラミを きかせ始め…
休み時間の 教室の風景が こんな感じに なってしまった!
きゃ～～～ 小林くぅ～ん
あははは…
やめてよ も～～～
こーなるとまた とーぜんのように このワルが ニヤニヤ 近づいてきて…
女の子 たちに 割って 入り わしを からかい 始める…
これが からかう ふりして 実は明らかに イジメ なのだ!
かつぎ上げたり はがいじめしたり ヘッドロックしたり 金玉もんだり ズボンぬがそう としたり…
女たちの前で みょーにハジかかせ ようとする
男たちはこわいから 笑いながら ざれごとで すませようとする
毎日わしを 見つけたら オモチャにして 痛めつける のだが…
イジメとはっきり してるわけじゃなく からかいとの 区別がつかんから 教師に言いつける こともできず ただ学校に行くのが 苦痛でたまらなく なる日々が 続いた……

ついにここまでぶざまに犬猫あつかいされちゃたえられん、という臨界点に達しわしは切れた！
わしは正義のために立ち上がりこいつに意見して改心させてやろうと決心した！
やめろってばもお〜〜〜っ
めーわくしてるのがわからんのか———っ
お？何だこのヤロ〜〜〜
やっとぶんなぐれると目が光り出す外道男…クラスの者はまっさおで硬直している
ところがここからが山形でいじめ殺された中学生とわしの違いだ…
殺された少年は正義感が強くて一歩も引かずイヤなものはイヤと貫き通した
しかしわしは正義感はあっても卑怯者である！一歩どころか百歩引く手を使うのだ
きみほどの大人物がぼくみたいのなぐるかねー
きっと満足せんよ
そんなセコイ人間やないやろ？
……
おーようわかっとるやないかおまえ…！
みんながホッとするわしはすばやく逃げる
死ね！
事故でも病気でもいいから死ね！
死ね死ね〜〜っ
わしが呪いをかけている間になんと女の子たちが「話がある」とこのワルを取り囲んで「小林くんをいじめるな！」とつめよったらしい！
結局女に助けてもらってしまったのだわしは……!!
後日校庭に止まったパトカーからスーツ姿で降りたヤツが再びパトカーに乗せられて去って行った時わしは安堵と共にある決意を胸に秘めたのだった…
終わったな全て…！
これからもわしは愛と正義のために生きていこう
ただし己れの分相応のモットーを心がけて…それは…
この情けない過去をファンの皆様並びに関係各位に深く陳謝するものであります
しかしあん時男は腰ぬけで見て見ぬふりだった！
この日からわしは男は大っきらいで女は全て好きになったのだ！
わしの女好きは精神的なトラウマがあるからであってスケベだからではないのだ！
勇気ある卑怯！
ザッツオール!!

ゴーマニズム宣言
PREMIUM
修身論
いじめは社会主義学校の平等苦からの逃避

わしが小学生の頃を思い出してみたら…
わしがいなかの方に住んでたせいかな?
その頃って人と人の間にくっきりと差異のある世界…
もっとはっきり言えば差別のある世界だった
身障者と知恵遅れの子と貧乏人と金持ちの子が一緒くたに生活していた
わしのクラスに知恵遅れの加津子(仮名)がいた
今日はこの問題解けた者から帰ってよし
担任は放課後よくこんなふうにその日の授業から課題を出した

これが算数の時はすごくイヤだった
頭のいいやつはさっさと答えを書いて先生に見てもらいOKとって帰って行く
まちがってたら もっぺん席に戻ってやり直しだ
友達がどんどん出来て帰って行くとみじめになる
小林～まだや～？
お先に～
と～ぜんできるはずのないのが加津子です
でも何やら怪しい数字を書いてそろりそろりと持って行く
ニヤッ
よし
加津子おまえはよし！
加津子は嬉しそうにでも自分が特待生ってことわかっているのか少し恥じらいつつ荷物をまとめて帰って行く
わしの心の中に複雑な気持ちが巻き起こる
いいな～早く帰れて
けどみっともないな～
仕方ないよあいつは…
恥ずかしがってるのがあわれだな
加津子の顔がくもって足早に出る
先生は何も言わん
みんなあきらかに彼女が自分達より劣っていることを知っている
あまりにもあきらかだから同情したりかばってあげようという心情もわいてくる
時にはバカガキがあからさまに口に出したりする
いいよな～加津子パーだから
クラスの何人かは　そのバカガキに非難の目を向ける
他のクラスにはもっとスゴイのがいた…
授業中し～んとしてたら…

んにゃははは
何しよると〜お？
ぬ
うわ〜っ
腹田だ〜っ
ぎゃ〜〜っ
びっくりした〜〜〜〜っ
こいつまたさぼってうろついとる〜〜〜〜っ
あっち行け〜〜っ
あははは何の勉強しよるとね？
こら――っ
静かにせ――い
席にもどれ――
腹田はパニック引き起こして嬉々として逃げて行く
ある日は腹田がとってもクサイ…
おまえしかぶっとるんとちゃうか？
ちがうよ
うそつけ
におうぞ
ちがうよ
じゃズボン脱いでみろ
いやだ
いやだ
いやだ
うわ〜〜っ
クソだらけじゃねーか〜〜っ
えへ…
へへへ
みんなわかってるくせに脱がしてみるんだよな
刺激がほしくて…
腹田もみんなにかまってもらえてみんなを騒がすと嬉しそうなんだ
パンツ上げないもん！

あの頃はあきらかに異質な子が…それも劣った子が一緒にいた
貧乏な子はいかにもビンボーな同じ服を何日も着ていて
あきらかに弁当がしょうゆ系のうす黒い感じだった
金持ちの子は温かそうな服を着ていて弁当も暖色系だ
貧乏人は外でカンけって体力で遊び
金持ちは塾行って帰ってからレーシングカーで遊ぶ
貧乏人は見せてもらうだけでたまにやらせてもらう
みんな自分の立場や身分を自覚しておりあきらかに劣っている者にはからかったりいじめたりいじめられてたらかばってやったり…
そんなくっきりと差別のある世界が壊れたのが中学になってからである
全員ぼうず頭で学生服になった
突然平等化させられたのである
平等化といえばいかにも良さそうだがそれはつまり「社会主義化」なのだ
人民服着せられて厳しい管理が始まるのだ
そして三カ年計画で目標が掲げられた――高校受験だ!
全員ひとつの目標に向かってまい進――っ!!
金持ちも貧乏人も見分けがつかなくなっていつの間にか知恵遅れの子はいなくなっていた
どこに行ったのだろう?

さて 中学になって
みんな平等のはずが
平等でない部分も
芽生えてきた
ちんこに毛のはえた
やつと なかなか
はえんやつである
ちん毛組は
色気づいて
女とホレたハレた
をやり始めた
ちんツル組は それを
横目にうらやましいと
思いながらも その男女の
ゲームの中に入って行く
自信はみじんもなかった
女が
自分のような
子供を相手に
してくれるとは
思えなかった
けど ちんツル組は
次第に仲良くなり
ふざけ合い
じゃれ合い
ギャグを
言い合って
たわむれていた
わしらは女には関心持てない
けど なかなか知的なギャグや
ちょっとヒネクレたモノの見方
ができる高尚なグループだと
思っていた
そしたらある日
この中に一人
若干 頭のキレの
ニブイのが
混じってる
のに気づく
ぼうず頭で
学生服で
ちんツルで…
わしらに
似てるよう
やけど
何か
違うんで
ないかい
こいつは…
そこに
気づいた時に
とっても
刺激的な
ゲームを
思いついた
おまえは
違う!
おまえだけ
違うの!
ほんとは
おまえは
劣ってんの!
劣ってる
くせに
オレらと
対等な口
きいてんじゃ
ねーーよ!!
「排除」を
ゲームにする
「差別確認遊戯」
である!

心地良い優越感…
人間をオモチャにするという高等なゲームを考えついた自分たちは優秀だと思っていた
結末は教師に言いつけられてガツンとやられておしまいだった
例えばあの時… いじめる相手が もっとくっきりと劣った人間だったらどうだったろう？
あれが加津子や腹田だったら
「異質な人間」でもわざわざ排除して楽しいと思えないだろう
くっきりした差別があると わざわざ「いじめ」て排除して差別を確認する楽しさ…
優劣をはっきりさせるスリル…
それらが味わえない
平等だからこそ味わえるゲーム
それが「いじめ」なのではないか⁉
だから昔より今の方が「いじめ」が普遍化しているのだ
みーんな平等になったから
今のいじめは昔のいじめと質が違ってきているという
今はだれでもいじめの対象になり得る
一人を複数でいじめる
面白がって見るやつ見て見ぬふりするやつだれも止めに入る者がいない
いじめがとことんエスカレートして犯罪的になる

みんな平等の中で
少しでも自分の優位性を
確認して安心するには
いけにえを作って
いじめ続けねばならない
こんなにいじめて
いたぶっておれる立場の
オレなんだから
まちがいなく
オレの方が
優秀だ!
オレの
身分の方が
上なんだ!
そう思い込めるように
いじめ続けねばならない
愛知県西尾市東部中学の
大河内清輝くんが
いじめられ自殺!
これはもはや
犯罪なんだから
少年法を改正して
タイホしろ
名前を公表しろ
という声もある
これには
賛成してもいい
大体
わしが親なら
校門の前で
いじめグループを
待ち伏せして
全員殺す
彼らにはほとんど
反省の色も見られん
そうで 学校側も
かばっているという…
殺人まがいのことを
やった今
とことん罰を
与えないで いつ
どうやって人間の
良心を教える!?
今かばったり
したら
もう完全に
手遅れに
なる!
やつらを人間として
生かすには きっちり
「罪悪感」というものを
芽生えさせろ!
それが
親や教師の
義務だ!
がしかし
少年法改正という
法の威嚇で
犯罪とは
認定できない
悪質な現在の
いじめの病根まで
断ち切れるのか?

＊愛知県西尾市いじめ自殺事件ー1994年、西尾市で当時中学２年の男子生徒が首吊り自殺。その後遺書が見つかり、いじめられて金を取られていたことが判明。主犯格の４名は少年院などに送致された。

今の子供たちは「平等苦」のストレスがたまりすぎて…
「差別」への本能回帰現象を起こしているように見える
どうしても自分より劣った者が欲しいんだ
みんなと一緒じゃ存在感すらあやふやになるんだァ
他人との格差を利用してエネルギーに変えるこの世界で差別への欲望は子供たちにとっても抑えがたかろう…
ともかく第一にやってみなきゃならんことは学生服を廃止することからだ
未だにそれすらできないでなにがいじめ対策だ!
社会主義化した学校をいろんな価値が優劣を競い合う場所に変えられるか?
ごーまんかましてよかですか?
子供を社会主義化した学校から解放しろ!
学校を自由主義化するか子供を退学させて家庭へ亡命させるかだ!

ゴーマニズム宣言PREMIUM

修身論

いじめから逃げる場所などない

わしは小児喘息《ぜんそく》のやせっぽちだったから、基本的には弱者だった。

幼稚園までは、仲のいい友達どうしが班を作って昼食を取る時に、知的障害児と教室の後ろでぼけっと突っ立っていた。

誰かが仲間に入れてくれるまで。

小学生の上級になるにつれ、わしは体力のない分をカバーするために、人を笑わせて注目を集めるおどけ者になっていった。

時には調子に乗って、笑わせながら人を扇動する危険分子になりつつあった。

クラスで自己紹介する時間があった。

一人一人が順番に立って自分の特徴を言うのだが、そのたびにわしがからかいの突っ込みを入れてみなを笑わせていた。

ドッ
あはは
はは
一人の女子の番になった。

普段から暗くて友達がいなくて教室のどこかに自分の気配を消すように存在していた。

私は…

あの…

その子は自己紹介の言葉が出ないようで、しらけた気まずい空気が教室に漂い、同時に緊張感もみなぎった。

大丈夫かな？

話せるのかな？

あの子の話す声、聞いたことないぞ。

わしはそれまでの各人にずっと突っ込みを入れていたから、
彼女にも何か言わねば、不自然だと思った。

生きてる幽霊だったりして！

どわはは…

その時だった。いつも優しいきれいな担任の女教師の首が、すごい勢いでわしの方に振り向いた！

ぎろり!!

そして恐るべき形相でわしをにらみつけた!!

それはそれは怖い顔だつた。
休み時間に小便してなかつたらしっこちゅ———だ。
肝を冷やしたのは、わしだけではない。
クラス中の者たちが、しっこちゅ———だつたのだ!
ぎろ———り
わしはうつむいた。
しっこちゅ～～

見たや？あの顔、怖かった〜〜〜。

おお、小林大丈夫や？おまえ殺されるとこやったぜ。

えへへ、へ…

友達にえらく同情された。

その夜はうなされた。もちろん、女教師の鬼面が、夢に出てきたからである。

だが、もしあの時、わしのからかい言葉を容認していたら、確かにマズイことになつていただろうと思う。

それが「いじめ」が始まるきつかけになつたはずだ！

民主主義は、あたかも「差別」なき「平等」な社会があるかのような建前を取りながら、常に「多数決」の原理で少数派を差別する快感を呼び起こすようになっている。

そもそもフランス革命で国民公会における民主主義が発生した直後に、ジャコバン派のリーダーであるロベスピエールは反対派を弾圧し、恐怖政治を行なったのだから、民主主義こそが「いじめ」の元凶だともいえる。

いじめはつまり「弾圧ゲーム」なのだ。いじめつ子はみなロベスピエールの子孫である。

イラク邦人人質を、「自作自演」とか、「自己責任」とかの、でっち上げの言葉でバッシングしたり…

郵政民営化反対の議員を「抵抗勢力」という言葉で追放して刺客を放ったり、それをマスコミが面白がってはやし立てていたのも、多数派による少数派への「弾圧ゲーム」であり、「いじめ」である。

原総一朗のギロン堂
問われる「自己責任」

小学生のあの時、わしが「からかい」を始めれば、みな加担して、それは「いじめ」となって燃え盛っただろう。

だがその、いじめの兆しに教師は気付いた。なぜこうも一瞬にして気付いたか？

クラスの生徒の中で、見当をつけていたのだと思われる。

あの子は世間に溶け込みにくい。

あの子はクラスの中で少数派に属する。

あの子の様子は元気がない。

あの子はクラスの中で影響力が強い。

今の教師は、そのように子供を観察しているのだろうか？

子供と一緒に悪ふざけでいじめに加担していた教師がいたというが…。

そして子供と「なれあわず」、「なめられず」、いざという時に、己の権威と権力を最大限に発揮して、子供を威圧できるか？

カッ
そもそも世の大人たちが自分の子供と「なれあい」で接し、子供の自意識を肥大させて「オレ様化」させ、教師から権威を剥ぎ取り、教壇をなくし、子供と友達感覚で接する「なれあいクラス」を作り出して秩序を崩壊させたのではないか？

いじめ自殺の報道が、自殺の連鎖反応を起こしているのは確かだ。

絶望というよりも、自分にスポットライトが当たっていると勘違いして、ヒロイズムで自殺する子供がいる。

いじめは「犯罪」だという評論家がいて、教育再生会議では、いじめた者は「出席停止」、見ぬふりした者も「加害者」と言う。

いじめを放置した教員に「懲戒処分」、なくしたら「教員評価」すると提言した。

確かに近頃のいじめは陰湿さが度を越している。

自殺した子供が棺桶に入っているのを見ても、まだ加害者はせせら笑っていたという。

思わず厳罰主義にしたくなるのはわからんでもない。

だが、いじめる側といじめられる側が明日は入れ替わるのが最近のいじめの特徴なのに、加害者を特定することができるのか？

いじめられる側には全面的同情のみでいいのか？

いじめられた子は「逃げろ」と、アドバイスする大人もいる。

偽の遺書を残してプチ家出しろとか、転校しろとか、死ぬくらいなら「逃げろ」と教える。

だがこの社会に「逃げる」場所など存在しない。

学校を出たら、3人に1人が非正規社員という時代だ。

若者の3分の1が将来の見通しが立たない過酷な弱肉強食の社会なのだ。

今、政府が経済界と結託して採っている政策は、グローバリズムに対応して、社会が市場主義一辺倒のネオリベラリズムに染まる方向だ。

それを小泉が「構造改革」と言った時、マスコミは全面的に容認した。

規制をはずして民間に委《ゆだ》ねれば「神の見えざる手」が働いて、社会はより良くなると信じ込んでいた。

今頃、格差が拡がっているとマスコミが言い始めても、何を今さらという感じだ。

親米保守派はやはり
「格差はあって当然」と言い出している。
弱者はあって当然、
弱者に配慮する規制などいらぬ、
負けるやつは自己責任だ、
…ほとんど優生学的な意見である。
この時代には、
露骨に、優生学的に
敗者を決定されてしまう。
社会はどうせ
弱肉強食では
ないか!
逃げる所なんか
どこにもない!
こんな社会はいけないと、
わしは声を大にして
言ってきたが、
アメリカや経済界や、
エコノミストにそそのかされて、
政治家はこの経済政策を
進めてきた。
マスコミは
応援した。
マスコミにだまされ、
そういう政治家を
選んだのも国民だ。
子供のうちから
戦うことを教えるしか
ないではないか!
「戦え」と言っても、
戦えぬ子だからこそ、
いじめられるのは
承知している。
だからこそ、
いじめられても「戦え」と
言うのではなく、
「戦い方」を教えるしか
ないではないか!
「復讐せよ」ではなくて、
「復讐の仕方」を教えるのだ!
復讐の仕方
武道を習う
スキャンダル
報復
仕返し
目には目
加害者と被害者の区別なく、
全員に「復讐の仕方」を
具体的に教えよ!

「いじめは反社会的行為」だと？
いじめのない
幻想の民主主義の学校を作って、
学校だけを社会と隔絶させた
楽園にするつもりか？
社会に出たら、
平等などないではないか！
いじめは反社会的行為どころか、
ネオリベラリズムの社会そのものだと
教育再生会議の連中は、
安倍首相に問いつめたらどうだ!?
この世界に、
弱者をいたわる「惻隠《そくいん》の情」など
あるはずもなく、
「美しい国」など夢物語であり、
勝つか負けるかしかないのだから
いじめる奴との「戦い方」を、
親も教師も、我々表現者も、
子供に教えてやらねばならない！
この国そのものが、
核で脅されようと
戦ってはダメだ、
戦いは大きな国に任せて、
我々は自滅を覚悟して
なめられているしかないと、
そんな態度だから
どうにもならんのだが…
暫く！
暫く！
しばらァら
ぷううう…
復讐の仕方を
「自殺」しか知らないのが、
この国の大人と子供の
共通の病なのだ！
いじめの被害者に、
いや加害者にも、
復讐の
仕方を教えよ！
戦い方を教えよ!!

Part 5
「いじめ」と
どう戦いますか？
解説

愛子さまと学習院、「いじめの原因」も平等主義

愛子さまいじめに対する奇妙な反響

よしりん　今では学習院で愛子さまがいじめられるなんて事態まで起きているわけでしょう。学習院側は穏便に済まそうとして、突然靴箱のところで乱暴な男の子が現れたから、愛子さまは過去のことを思い出して恐怖を肥大させてしまって休まれたのだろうとか、ヘンなこと言ってたけど、何を思い出したっていうの？

それであちこちの記事読んでみたら、実際には、ある男の子が愛子さまを後ろから追いかけ回したり、正面からすれ違いざま首を絞めてきたり、靴箱のところで後ろから頭をつかんだり、直接的な暴力を振るってたらしい。だから、愛子さまはそいつににらまれたら怖くてたまらないんでしょう。そいつは低学年でもすごく体がでかくて、もっと他にも被害者がいるらしい。

みなぼん　その子の暴力がいつ愛子さまに向けられるかということが、以前から心配されていたらしいからね。

よしりん　その暴力がついに向かってきたから、愛子さまは怖くて登校できなくなったわけでしょう。とうとう学級崩壊が、学習院の中にまで到達しているんだ。

みなぼん　ところが、そういう皇族に対するいじめみたいなものは昔からあったのだから、そんなに大騒ぎ

する必要はない、みんなそれを乗り越えてこられたのだなんてマスコミでは言っているじゃない。

よしりん　冗談じゃない。そのいじめの質自体が昔とは変わっているんだから。昔だったら、コミュニケーションの中のひとつとしてのいじめだったり、いじめがあっても誰かが救いの手を伸ばしていたりとかしていたけれど、それと現在の学級崩壊まで起こしている状態でのいじめとは違うかもしれない。かつての山形のマット巻き殺人事件みたいに死に至る場合だってあるんだから。

皇族の、しかも天皇陛下の直系で、もしも皇室典範が改正されれば、将来は天皇陛下になるかもしれない内親王殿下の身に、もし何かあったら大変なことですよ。加害者の子も、その親もただじゃすまない。だからそれを未然に防ぐように対処しなければならないのは学習院の側だろう。

トッキー　教師の劣化という事態は強く指摘しておかなければなりませんね。先生の子供時代なら、普通の小学校の教師でもいじめを未然に防ぐように学級のすみずみまで目を配っていたのに、今では学習院でさえ、暴力的な子がいることが歴然とわかっていても予防措置もとらないし、暴力が起きても叱りもしない。

よしりん　教師が何もしない。学級崩壊していることに対しても責任も感じていないばかりか、愛子さまが過剰に怖がるほうが問題だと責任転嫁して、あまりに過保護にされた環境にいるからだろう、家庭で何とかしてもらいたいなんてことまで言い出した。

じゃあ一般家庭の子供がいじめられて、マットにぐるぐる巻きにされたとか、机を開けたら「死ね」と書いてあったとか、虫が入っていたとかいうことがあったときに、いじめられた子の側に「それは家庭で何とかしてもらいたい」なんて学校が言うか？　そんなコメントは聞いたことがない。いじめ自殺事件なんかがあれば、マスコミは必ず「なぜ未然に防がなかったのか」と学校側を責めるはずだ。

ところが不思議なことに、学習院と皇族の問題になると、マスコミは突然いじめを受けた側に厳しくなって、「いじめは普通にある」と言い出して、これは自己責任だ、家庭でいじめに負けないように鍛えろと言う。なぜ皇族にだけこんなに厳しくて、一般人には甘いの？　こんな不思議な逆転現象が起きていることに対して、今回一番違和感を持ったね。

「平等主義」で学級も秩序も崩壊

よしりん　本当なら学校で学級崩壊が起きて、いじめが発生していることが判明すれば、マット死事件のような大事に至る前に大人が対処して未然に防がなければならない、学校の側の責任で何とかしなければならないと普通は言うはずだ。

ところがいじめを受けているのが皇族だと、不思議なことに自己責任だ、いじめられている側の家庭環境が悪い、学校は何も悪くない、普通に子供の世界では起こっている話だと急に言い始める。これは異様な話だと思う。皇族だからこそ、いじめを受けても同情もされず、逆にもっと厳しく見られて、なおざりにされてしまう。人々の「嫉妬の平等主義」のためにね。

トッキー　「嫉妬の平等主義」ですか。

よしりん　本当は皇族の子のほうを甘く見なければならないはずなのに、逆に厳しい論評になってしまっている。つまり皇族が通う学校に限っては、いじめに対処しなくていい、肋骨を折られるまで野放しにしろ、マット巻きにされて死ぬまでほったらかしておけという話になってしまっているわけだ。

普通だったら、あの学習院の校長みたいに何もやらないままに放置しているなんて無責任な態度はものすごく糾弾されていいはずなのに、そうならない。むしろ保守系の論壇誌や、ネットは全部雅子妃バッシングになってるから、あんなのは子供の世界の話だ、ほったらかしておけばいいという論調になっている。『週刊文春』の友納尚子氏だけが東宮に対してすごく同情的で、学習院を批判していた。わしもそれが全く正しいと思うけどね。

トッキー　学習院長の波多野敬雄はその後の産経新聞のインタビューでも「いじめはない」「今度のことはそれほど大騒ぎすることとは思っていない」としゃあしゃあと答えてますね。

よしりん　皇族が育っていく学校で、学級崩壊なんか起きてはいけない。皇族は聖なる方々なのだから、特にいい環境でなければいけないというのが、本来の考え方のはずだ。秩序や序列を重んじ、「聖」と「俗」をきちんと分け、聖なる人は聖なる人として育つという感覚があればそう考えるのが普通なのに、もはや皇族もド庶民もない、聖も俗もない、全員が平等主義になっちゃった。しかも、皇室を敬愛すべきだと言っているはずの保守の側が。
みなぼん　学習院で学級崩壊なんて絶対に起こしてはいけないですよね。
よしりん　学級崩壊が起きるのは、家庭で根本的に「しつけ」がされてない子供が通ってきているからでしょう。じゃあ、しつけもできないくせに子供を学習院に通わせている親に問いたいね。学習院に自分の子供を行かせるっていうのはどういうことですかって。
　学習院なんて、皇族が通っていなかったら何のブランド価値もない学校ですよ。そこに自分の子供を行かせたかったわけでしょう？　だったら子供に、ここは皇族が通っておられる学校なのよ、特別な方が来られる学校なのよと教えるべきでしょう。
みなぼん　もともと皇族や華族、貴族のための学校だったはずですからね。
よしりん　本来そういう目的で作られた学校にあなたは通うのよ、だから愛子さまを見かけたら、ちゃんと「宮さま」と言いなさいよというくらいのことは教えなければならない。ところがそういう感覚がなくなっているんでしょう。
トッキー　しかも校長までが。
よしりん　校長まで全員が平等主義に侵されて、誰もが平等と思ってるんでしょう。
みなぼん　雅子妃が愛子さまに付き添って一緒に通われたりすると、他の子の親の中には、なぜ雅子妃がついてくるんだ、子供が萎縮するじゃないかと言う者もいるみたいね。
よしりん　だったら子供を学習院になんか入れるなよ！　本当は雅子妃が来られるような学校に行っていることをありがたいと思わなければいけないんだぞ。
　皇太子のお子様と同じ学校に自分の子供が通っているのだということをありがたいと思っていれば、学級崩壊が起こるような環境にしないように、がんばろうと保護者全員で集まって話し合うくらいのことはして当然じゃないか。でたらめな話だよ。じゃあその親たちは皇族と自分が同じだと思ってるわけ!?　結局、ここでも秩序感覚が壊れている。誰でも平等だと思っている。平等のはずがないじゃないの。
　学習院は何かといえば、皇族の側も「特別扱いをしないでください」と言っているというのを盾にし始める。でも皇族がそう言うのは当たり前でしょう。「私の子は特別扱いしてください」なんて言うはずがない。一応、一般的な友達関係とはこれくらいに平等ですよ、こういう感覚ですよということを味わわせてあげないといけないという程度のことだと理解しておくのは当然のことでしょう。

聖と俗の境界線に学習院というものはあるわけで、必ずしも学習院は聖なる存在でもないし、だからといって完全に俗なる領域でもない。だって、皇族がわれわれの通ったような学校に来られるわけがないでしょう？ われわれみたいなガキなんて、めちゃくちゃなことだって何だってやってるんだから。肥たごのカエル釣りなんかさせていいはずがないじゃない。わしの友達には、肥たごに、はまったやつまでいるんだから(笑)。これは完全に俗の世界だろう。

さすがに愛子さまの手を取って「友だちんこ」をやったらヤバイでしょう、これは無理だ(笑)。皇太子殿下が子供時代に「シェー」をやってたのも、いま考えたらびっくりだからな。ギャグ漫画を読んでおられるというだけでも感動するという感覚を持つべきだよ。あのころ「シェー」は全国的に流行っていて、「シェー」をしていない子供なんて一人もいないというような時代だった。「シェー」はほとんどシュールだからまだ許せるけれど、「友だちんこ」はちょっと俗すぎるな(笑)。

本当はそこのところのあんばいを計るのが学習院の役割なんだけど、平等主義に侵されて、機能不全になってしまっている。

俗界でいじめと戦うには

トッキー 「平等主義」の浸透によって秩序が破壊されているというのが今回の学習院問題の本質のようですが、先生はそれとは別に「平等主義」がいじめを誘発するという指摘もしていますね。

よしりん そうだね。本当の社会は平等じゃないのに、平等だとする欺瞞的な覆いをしているからな。

みなぼん 学校が「平等主義」になっているのって、教師が楽をしたいからじゃないのかなあ。子供ひとりひとりが違うということを認めたら、教師はひとりひとり個別に配慮しなければならないけど、平等だったら全員一律ですみますからね。

トッキー 昔の教師は全員が違うということを前提に、ちゃんと個別に目を配っていて、いじめが発生しそうな瞬間にすぐにらみつけることができたわけですよね。

よしりん　そういうことだね。あの子は少し知的な部分が遅れているとか、この子は家庭が貧乏だとか、この子は家庭環境がかなり複雑で、自分に自信が持てなくて存在感が薄くなっているとか、全部個別に把握していた。だから普段から、こういうことも起こるだろうと注意していたんだよね。きっとこの子はいじめられると、大人が目をつけているわけ。そしてそれが起こりそうになったときにはただちに対処するというような感性があったわけだ。だがあの学習院の態度を見ていたら、今の大人にはそんなものはないとしか思えない。劣化してるね。

本来、教師の仕事って子供との戦いだよね。それだけの人数の子供をひとりで抑え込んで、どの子が陰でいじめをしているかとか、必死で見ていないといけない。

みなぼん　抑え込むときには力ずくで行くしかないわけで、「等価交換」なんて言っててやれるはずがない。

よしりん　そういうことだね。

トッキー　いじめに対して「復讐の仕方を教えろ」というのは画期的でしたね。まあ、それを愛子さまに教えるというわけにはいかないでしょうけど。

よしりん　そうだよ。そこにははっきり聖俗の違いがある。天皇陛下にとって国民は「大御宝《おおみたから》」なんだから、復讐なんかしちゃいけない。

みなぼん　たとえ愛子さまという孫をいじめる子供でも、今上陛下にとっては「大御宝」として大切にしなければならない。

よしりん　だから、どちらにも傷つかないように対処していただけたらと思いますって天皇陛下がおっしゃったりするわけですよ。

皇室は、他人を蹴落としたり、抜け駆けしたりといった俗界とは離れた聖域におられるからこそ、すべての国民が「大御宝」だと言える。でも俗の世界について何一つ知らないというわけにはいかないから、聖と俗の真ん中あたりに学習院があって、一応、俗の世界にはこの程度の競争原理もあるというシミュレーションを見せてあげるんだよね。それから聖なる世界に帰っていただく。こうして澄み切った心を保っていただける。

しかし俗界はそうはいかない。俗の社会はむきだしの競争原理で動いていて、いまや負けたら派遣村行き。

しかもそれを「自己責任」だなんて責められなければならない、熾烈な世界になってしまっている。

トッキー　十数年前の作品ではいじめに対して「学校を自由主義化するか子供を退学させて家庭に亡命させるかだ！」と言ってますが、もっと最近の作品では「この社会に『逃げる』場所など存在しない」「いじめのない幻想の民主主義の学校を作って、学校だけを社会と隔絶させた楽園にするつもりか？」と、格段に厳しい論調に変わってますね。

よしりん　ここ十数年の間で、そこまで過酷な弱肉強食の社会が作られてしまったということだよ。しかもその俗界において、「復讐せよ」と言ったって、その方法もわからないような状態になっている。

競争原理の中で、いじめられたり、上から弾圧してきたら、それに対してどういう戦い方をすればいいのかということを具体的に言ってみせることで、いろんな手があるんだということを思いつけばいいんだよ。相手の弱点をつかんで評判を落としてやろうとか、何とかして勝ち抜かないとこの世の中は仕方がない。敵の側だってありとあらゆることをしてくるんだからね。

2ちゃんねるとか、ネットの中で誹謗中傷してきたりして、それを見て負けていても仕方ない。ネットは「公」の世界ではない。人の中の公共心とか正義心といったものは、人の顔が現れている場所でしか出てこないもので、ネットの中では私心しか出てこない。

本来、人間にはプライベート・マインドもパブリック・マインドも同時にあるもので、ネットでプライベート・マインドをさらけ出していても、教室の中などの公開の場では、パブリック・マインドしか言えなくなるんだよ。ネットの中でいじめの書きこみをしているのと同じ人間が、教室では「いじめはいけないと思います」と言ったりする。

人間の内心にはどれだけどろどろした卑怯な感覚があるかわかったもんじゃない。だから、より広い場で「公」の発言をし合って、本当はみんなもいけないことだと思っているんだと、改めて確認させるということも必要だということだよね。

Part 6

「孤独」に耐える強さを持てますか?

ピュアな携帯関係に期待はしない
ゴーマニズム宣言PREMIUM
修身論

わしも携帯電話を持っている
ただしだれからもかかってこない
なにしろ自分のケータイの番号を知らないのだ
だからいつも電源は切っている
OFF
Pi!
わしはメカに弱い
ケータイもパソコンも何も使いこなせない
一度 正月の間中電子手帳の使い方を独学してスケジュールから住所・電話番号まで すべてメモリーしたのに…
結局 全然使わずに普通の手帳に戻ってる
あの正月はもったいなかった
メカなんかきらいだ

わしがケータイを必要なのは自宅からタクシーに乗って取材や打ち合わせに行く時…
まもなく着くから下に降りてて！
はい
そして車が渋滞してる時…
秘書・カナモリを拾って行くためだ
すみません申し訳ないんですけど少し遅れそうなんです先に始めててください
便利だ女性は防犯にも役に立つ
便利だが公的(パブリック)な場に私的(プライベート)な会話をたれ流してる者がいて うるさい
タバコや酒と同じだ
吸ってもいいが…
飲んでもいいが…
かけてもいいが…
プハ〜〜
マナーを守れ！
若者がケータイにはまってこづかいをつぎこむから漫画もCDもゲームも売れなくなった
ゆゆしき問題だ今後 バカは漫画を読んでくれなくなる頭のいいやつにウケる漫画を描くしかない
年がら年中ケータイで友達と話してないとおさまらない子
時には適当な番号を押して見知らぬ子とまで話したりする子
そして売春してまで通話料を稼ぐ子までいるという
そこまで寂しいわけかちゃんと会って相手の良い所も悪い所も見ながらつきあっていく濃密な関係はイヤだという

今の若者はしがらみや情を拒否して匿名性の高いピュアな関係を求めているだと？
自分の都合のいい時だけの友情が成り立つだと？
わしの親戚にもケータイ病の子がいる
夏休みに遊びに来てうちに泊まったら夜中でも友達からかかってきて話しているので驚いた
実は この子の父親の浮気が原因で両親が不仲になってからこの子の束縛は解かれた
自由だが自分の価値を認めてくれる強い権威を失って不安
自分に自信を持てないから友達に存在を確認してもらう
なるべく多くの友達の評価が欲しい
私はいるのよね
私はここにいるのよね
こんなにたくさんの友達の関心の中心点にね
幸福な束縛のない子は虚ろな自由に漂う
この子を本気で引き受けるつもりで束縛できる男が見つかればこの子は着地するのだが…
今はケータイで「友情ごっこ」してるしかない
こんな若者の傾向が出てくると大人はマユをしかめ動揺し出す
若者文化に詳しい学者や文化人に解説を乞う
若者にコビたい者たちはこう言う
大人社会はウソ社会
それを見抜いた若者が新しいピュアなコミュニケーションを作り出した
未来は彼らが変えるだろう

ばかくさい
いつの時代も「大人は汚い 若者はピュア」の決まり文句
そして若者文化にコビる大人たち…
そういえば昔 わしが中学生の頃「フーテン」ってのが流行ってた
「ヒッピー」ってのも大人のマユをしかめさせてた
「サイケデリック」なんつって
あいつら今どこ行った？
所帯を持った
じゃ何も変わらなかったのか？
いや 前の世代より少し だらしない家庭が出来た
そんなところだ
大人社会を拒否してピュアな青春ごっこに呆ける年ごろがいつの時代にもあるものだ
わしが高校生の頃 学園祭が近づくと看板描きをやらされた
屋上に板を張ってどでかい絵を描く
学園祭の準備という公的な仕事から逃れたみんなは喜々として帰って行く
じゃなー
がんばれよ 小林——

放課後一人で
毎日 仕事やらされて…
当日は夜中の3時に
校内に忍び込んで…
朝までかかって
完成させた
学園祭はみんな
はしゃいでいた
最後にファイアー・ストーム
ってのがあって
ゴミを燃やして
その周りでみんなで
スクラム組んで
歌ったりする
わしの看板
燃やす火に
照らされて
なんや知らんが
感動して
泣いてるやつ
までおる
ばかくさくて
帰った

ホームルーム・ノートに 翌日わしは こう書き込んだ
みんなで青春ごっこしてろ!!
一人の方がいい 子供の時から 庭に建てられた プレハブの中で 漫画ばっかり 描いていた
みんなが 友情ごっこしてる隙に…
青春ごっこ してる隙に…
一人で 何者かになろうと 企んでいた
もちろん 友達もいたし
女の子も 連れ込んだりしてたが…
他人と つながってないと 不安ってことは 全然なかった むしろ孤独が 好きだった
いつの時代も 友情ごっこしてないと 不安な者は いっぱいいる
そして今は 確かに 束縛のない 虚ろな自由の中で 不安な子供たちは 増えている
彼らは 「情報」で つながっているが 「人格」では つながっていない

いずれピュアな「情報」関係から抜け出して…
しがらみも情もある「人格」関係に入って行かざるを得ないだろう
じゃ何も変わらないのか？
いや 前の世代よりさらに少しだらしない家庭が出来る
ただいまー！
そんなところだ
バタン
今何時だと思って…
そしてその時気づくのだ
孤独に自分を縛ってたやつが社会を牽引する力を持つということを
つまり今でもマスコミには現れない援交も ケータイもインターネットもな————んにも関係ない所で孤独を楽しんでる恐るべき若者がいるはずってことだ
ごーまんかましてよかですか？
マスコミが注目しない少年・少女若者たち…
彼らにわしは注目している

ゴーマニズム宣言
PREMIUM

修身論

消費だけで人情や愛情は支えられない

よしりん企画のスタッフを箱根の「パール 下中記念館」に連れていくことにした。
前日、伊豆に一泊するため久しぶりに電車に乗ってわしはショックを受けた。
次々に多様な制服の中高生が乗ってくるが…
誰一人として漫画を読んでいない!
みんなケータイをいじり始める!
大人も若者も電車内で漫画を読んでる者がたった一人もいないのだ!
ぞぞ〜〜っ!!
10年前は、「電車内で大人が漫画を読んでていいのか?」という議論まであったが、
そのような文化は完全に消滅してしまった!
漫画は家でこっそり読むものになってしまったのか?
いや、わがスタッフを見れば、誰も漫画を買わず、小説など読んでいる。
んん〜ん
わしの足元から裏切り者が出てきた!
かってに生きろ
漫画雑誌の売り上げは年々、加速度的に落ちている。
億円
3500
3000
2500
2000
1998 1999 2000 2001 2002 2003 2004 2005 2006 2007
漫画の売り上げで文芸誌の赤字を補填《ほてん》してきた部分もあるのだから、出版社も危機的な状況だろう。
今や漫画読者はブックオフで買ったり、漫画喫茶で読むから、漫画家の収入が減ってきて、漫画製作にかかる"コストを捻出できなくなってきた。
費用対効果が薄い商売になってきたのだ。
BOOK・OFF
24h
インターネット
まんが喫茶
最近の中高生が選ぶ将来就きたい仕事のベスト20にも漫画家は入っていない。
キャバクラ嬢が入っているというのに!

＊パール下中記念館ー東京裁判のインド代表判事・パール博士、彼と親交を結んだ平凡社創業者の下中弥三郎・両氏の世界平和への精神を記念して1974年に箱根に建立された記念館。

麻生太郎が漫画は日本の誇るサブカルチャーだとよく言ってくれるが、実情は退潮に向かっている文化かもしれない。

そもそも漫画はもっと下品なバイタリティー溢れるものだったはずなのに、かつてバッシングされた手塚治虫や赤塚不二夫も、今や聖人化してしまっている。

ザザー
編集者も読者も今や上品な漫画がいい漫画と判断するようになってきた。これが、おしまいの始まりだ。

わしは、もっと顰蹙《ひんしゅく》を買う漫画を描かねばならない。

だが今の若者はもはや漫画のセリフすら読むのが億劫《おっくう》だと聞く。

だとしたら『ゴー宣』など世界一、文字と情報の多い漫画だから、圧倒的多数の若者には読めまい。

東大生でも読めるかどうか、怪しい。

しかし、漫画という物語を読むよりもケータイで他者とつながる方が楽しいと思うまでに、人々が孤独になってしまう時代が来ようとは…

翌日、バンを借りてみなちゃんの運転で「パール下中記念館」へ。

パール下中記念館
水道が壊れていて掃除ができないらしく、ひどい汚れ方だ。

たった半年でこんなに汚れるのか！

中島の本なんか置いてある！

これはパールの考えも下中氏の考えも否定した本なのに…

みなちゃんはティッシュで、トッキーは隅にあったほうきで掃除を始めたが、手に負えるものではない。

げっ！パール判事の直筆原稿が腐れかけてますよ！

これ、コピーを展示して、現物は保存するための処置をした方がいいんじゃないかなあ？

わしがもらえたら永久保存するのに。

いっそ遊就館で引き取ってもらえばいいのに…

金がかかりますからな。

何事も金です。

Poor Q
莫大な借金を作って、今は仕事場に泊まり込んでいるポカQが、えらそうに真実をついてくる。

最近、浅羽通明の『昭和三十年代主義』を読んだ。

昭和三十年代主義
もう成長しない日本
浅羽通明
その中で印象に残ったのが、福田恆存の
「人間は生産を通じてしか附合へない。消費は人を孤独に陥れる」

という言葉だ。

浅羽はこう書く。

生産において人間は、何らかのかたちで部品となり、また多かれ少なかれ損得計算で動かざるを得なくなって、必要性が主、感情はその従となります。しかし消費は一人でだってできる。好きな人と映画を観たいとか、気の合う友人たちと旅行したいという場合も、あくまで感情が主で全てです。そこには人間が否応もなく「附合わさせ」、結びつけられる義理はないのです。

『ALWAYS三丁目の夕日』で話題になった昭和30年代は、「家族」も「生産協働体」だった。

夫も妻も労働していたし、子供も家の手伝いをさせられていた。

今のように子供だって消費するだけのマスコットじゃなかったのだ。

映画を観ると、無条件の「人情」や「愛情」が、昭和30年代にあったかのように勘違いして、安倍晋三が『美しい国へ』で取り上げたりしていたが、それはあくまでも勘違いにすぎない。

美しい国へ
安倍晋三

「人情」や「愛情」は、消費だけの付き合いでは支えきれない。
昭和30年代は、あくまでも「生産協働体」の中で相手の労働力が必要だから付き合っていたのであり、従として、「人情」も「愛情」も育むことができたのだ。
八百善
ポカQは結婚してから夫婦で徹底的に消費する付き合いに溺れ、貯金をすべて使い果たし、借金で首が回らなくなって今年離婚した。アホである。
カー
カー
「人間は生産を通じてしか附合へない。消費は人を孤独に陥れる」
ポカQだけではない。この言葉をわが「よしりん企画」のスタッフ全員に噛みしめよと伝えるためにわしはこの章を描いた。
もちろん読者の方々が、恋人や夫婦や家庭や職場の関係を考え直す参考にもなろうと思って。
「生産協働体」としての家族が消滅して、日本人の孤独を埋めるケータイが消費されるようになって、そこから生み出される人情や愛情の物語は、益々、抽象的になるばかりだ。
八百善
ごーまんかましてよかですか?
ガタン
ゴトン
電車内で誰も漫画を読まなくなったのは、教養のレベルが上がったからでも、品位が向上したからでもなかった。
さらに幼稚に、さらに孤独に、さらに抽象的な人情や愛情しか求めない時代になったからに過ぎなかった!

Part 6
「孤独」に耐える
強さを持てますか?

解説

子供にケータイ持たせたら、夫婦別姓には賛成せよ!

優秀な読者はマスコミの外にいる

よしりん　マスコミは常に目立っている一部の若者のことばかり報じるから、「援助交際」が話題になったころは女子高生がみんな援助交際しているかのような感じまでしたけど、本当は世の流行なんかと全く関係なく、自分を磨いている者がいるんじゃないかと思うんだよね。

　そんなに四六時中情報だけ追いかけて、ケータイばっかりやっている者が主流なのかというようなことは、いつも疑っておかなければいけない。そういうマスコミの話題にならないところには、まったく常識的な考え方をしている者が結構多いんじゃないかという気がする。そして、それをいつも期待しているわけだけれどね。

　例えば最近出した『昭和天皇論』(幻冬舎)に対する反響にしても、本に差し込んでいる「愛読者カード」のはがきに書いて返送してくるものと、ネットの「2ちゃんねる」なんかに書きこまれたものとでは、どうしてこんなに違うんだと思うくらい違う。「愛読者カード」には相当熱心で賢い感想が書かれていて、その数がネットの比ではない。何百枚も来るんだよ。中には、なんでこんなにわしの意図が伝わるんだ、なんでここまで行間が読めるんだと感心するものもある。

「アマゾン」のブックレビューも、発売してすぐは、おそらく読書家が書きこんでいるんだろうと思うけど、ものすごく頭のいい感想が出てきて、こりゃあ、気を引き締めて次回作も描かなければと思ってしまう。

ところが時間がたつとだんだんバカが混じってくる(笑)。そして「2ちゃんねる」の「ゴー宣板」なんかになるとウルトラバカか、たぶん極左の工作だろうというものばかりになる。実際に極左集団は「ネットウヨ」になりすまして入り込むような工作をするからね。

しかし本を千何百円も出して買って、はがきを書いてくる人なんかは、ネットなんかやってないだろう。『ゴー宣』の読者は10万、20万、一冊を家族で読んだり、友人に貸したりする人のことを考えると、30万かもしれないほどの数がいるのに、ネットのアクセス回数なんかせいぜい数千くらいでしかない。本当はネットの世界なんてものすごく小さなタコツボなんだよ。それがいつもクリックすれば目の前に現れてくるから錯覚しがちだけど、その規模なんかほんの少数でしかない。「ノイジー・マイノリティ」なんだね。

常識的な感覚を持って生活している大多数の人間のほうが目立たないという状態になっている。その「サイレント・マジョリティー」の中に、どれだけ優秀な人がいるかわかったものじゃない。どこかでちゃんと考えて、自分を磨いている者がいるはずじゃないか。

トッキー　最近では「ツイッター」、その前は「ブログ」でしょうけど、何か新しいツールが登場すればマスコミが一斉に取り上げて、それが社会を変えるかのようなことまで言うんですけど、逆にツールに人が振り回されるばかりになってるんじゃないかという気がしますよね。「メール依存症」なんか特にそんな感じですけど。

よしりん　メールって本当に奇妙なもので、最初は相手が寝ている時間かもしれないから、電話では迷惑だろうといった感じでメールを使っていたはずなのに、だんだん、まったく電話ができないようになってきて、メールでしかやりとりをしなくなってくるんだよね。向こうも同じように、この人には電話じゃなくてメールじゃないといけないと思い始める。それも、普通に文章を打っただけでは感情が伝わらないからと、大量に顔文字を入れなきゃならなくなったりして(笑)。

みなぼん　送ってすぐ返信が来て、また返してって、これ電話のほうが早いんじゃないのってことはありますよね（笑）。

よしりん こっちがまだ返信のメールを打っている途中なのに、また向こうから送ってきたりもするからな（笑）。何だよ〜、今まで書いてたのがムダになっちゃったじゃないかよ〜、なんてことになったりして（笑）。だったら電話しろって言いたくなるけど、何となくそれができない。余計に人に気を使わなければならなくなって、図々しさがどんどんなくなる。

トッキー 気を使って、図々しさがなくなるんだったらいいような気もしますが。

よしりん そうじゃないよ。図々しさがなくなるということが、コミュニケーションが消滅するということになっていくんだから。どんどん奥ゆかしくなって、図々しくなくなっていくというところに危惧を覚えるんだよね。

人は生産でつながっている

よしりん 今どきの高校生なんかは、もう電話ができないんじゃない？ メールしかできないんじゃないの？

みなぼん メールもらって何分以内に返信しないと、仲間はずれにされちゃうなんて話もあるみたいですね。

よしりん そうかと思えば、わしの知り合いの中にはメールを送っても、完全に忘れてどこかに出かけていて、3日くらい経ってから「いま帰ってきました」なんて返事をよこす人もいたりして（笑）。

わしだって、取材中とか打ち合わせ中とか、すぐには返信できないときもあるわけだし、漫画のコンテを集中して描いているときにメールの返信なんかしていたら、せっかく浮かびかけたアイディアが消えちゃったりするからね。だからメールが出てきたことによって、コミュニケーションの取り方が不自然になっているところは間違いなくあるんだよね。

トッキー 作品中で指摘している、ちゃんと会って相手の良いところも悪いところも見ながらつきあっていく濃密な関係性はイヤだという感覚が、今のケータイで会話することすら避けて、メールがいいという感覚につながっているような気がしますね。

よしりん そういう現象も出てきているわけだけれ

ど、そんなものに興味もないという人だっているはずだから、そういう人にわしは期待している。どこかにそういう人が必ずいるということをわしは意識して、応援しているということだよね。

トッキー　ノスタルジーで「昔の人間関係はよかった」と言っても意味のない話で、実際にその当時に生きていれば、それはそれで鬱陶しかったり、厄介だったりするはずだと思うだけなんですけど、昔の人間関係は「消費」ではなく「生産」で結びついていたと言われると説得力があって、「人間は生産を通じてしか附合へない。消費は人を孤独に陥れる」という福田恆存の言葉も新鮮でしたね。

みなぼん　子供のころから資本主義の感覚に入りこんじゃうから「等価交換」という感覚も身についちゃうんだろうし。

よしりん　そう思うよ。結局、夫婦の関係だってそうだし、家族の関係だってそうだし、わが「よしりん企画」だって、「生産」でつながっている。だらっと友情をつくろうとしているんじゃない。全員が必死になってものを作ろうとしているわけで、これはひたすら生産のための共同体だからな。消費するためじゃない。

みなぼん　社会的には、お金を出して消費ができたら一人前みたいな感覚があるけれど、実際は生産ができるかどうかが問題なんですよね。

よしりん　お金を使ったら「お客様」と言ってもらえるから、一人前になったような気がするんだろうけどね。ただ「生産を通じてしか附合へない」と言っても、例えば老いた親の面倒を見るっていうのは、全然生産とは関係ないよね。親の子供に対する犠牲的な精神とかも、生産とは関係ないということは付け足しておかないといけないね。

何度も言わなければならないけれど、やはり共同体が崩壊してしまって、個人にまで分解されてしまったことが問題の根幹なんだよ。完全にアトム化されてしまったというところから始まる話で、そもそもアノミー化がずっと進んでこうなってしまったわけだからね。

トッキー　個人に分解したほうが消費は増えるというだけの理由ですからね。

よしりん　そうなんだよね。ずっとこれまで延々と、どこまでも、どこまでもそれをやってきたんだ。

わしの家にテレビが来た日

よしりん 昔は家にテレビを入れるかどうかで、どれだけ家族全体がもめたかということを考えると、わしはケータイが家庭にいとも簡単に入ってきたのが不思議でたまらんのよ。

テレビがわしの家に入ってきたときは大ごとだったね。わしの母の実家であるお寺は金持ちで、まずそこにテレビが入ってきたんだよね。だから最初はじいちゃん、ばあちゃんのところに行ってテレビを見ていた。『笹りんどう』なんか見てたな。『豹(ジャガー)の眼』の後番組だったっけ。知らない？(編集注・正確には『豹の眼』の第2部)『白馬童子』もその時代だし、『ララミー牧場』はどうだったかな。

みなぼん 全然わかんない(笑)。

よしりん 父は絶対にテレビなんか買えないと言っていた。母も基本的に父に同調する。

トッキー 当時のテレビは相当高価でしたからね。小学校教員の初任給が9千円の時代に6万円程度したそうです。

よしりん だから当時テレビがあったのは近くの食堂だけで、子供は食堂の中まで入って行けなかったから、みんな外から小さな窓越しに『月光仮面』を見ていた。

それで家でもテレビを見たいとわしと妹がいつも言っていたんだけれど、聞いてもらえなかった。けれどもいつしか母親が子供側に寄ってきて、とうとうテレビを父にだまって買ってしまった。

みなぼん えー!? すごーい!

よしりん ある日、親父が勤めに出ている間に、テレビがうちにやってきたんだよ。もう大騒ぎで、床の間にテレビを置いて。

トッキー 床の間にテレビっていうのが、時代を感じますねー(笑)。

よしりん それで夕方からテレビを見てたわけ。お父さんが帰ってきたらどうなるんだろうって、ドキドキしながらね。

みなぼん お父さんにだまって買ったというのは知ってたんですか。

よしりん いま考えてみたら、内緒で母親が買うはずがないよね。けれどもそのときは、父はずっと買ったらいかんと言い続けていたから、内緒で買ったと思い込んでたわけ。それで、父が帰ってきてテレビがあるのを見たら、大変な夫婦げんかが始まるんじゃないかとドキドキしていたんだ。

親父が帰ってくる。父も今まで反対していた手前、「おー、テレビか〜」なんて入ってくるわけもなく、テレビのある部屋には来ないで、隣の部屋でご飯を食べ始める。わしらは親父が怒ってるか、いないか?と様子をうかがいながらテレビを見ていたわけだけど、結局その日、親父は最後まで「おー、テレビか〜」なんて態度は見せないまま隣の部屋で新聞を読んでいて、わしらはドキドキしながらテレビを見て、居心地の悪い思いをしていた。それからだんだん家族全員でテレビが見れるようになっていった。

みなぼん そのときのチャンネル権はお父さんが握っていたんですか?

よしりん そうだね。父親が来たら、もうそうなっちゃう。テレビが家に入ってくるときに、それだけものすごい抵抗があったものだから、いまどきはあっさり親が子供にケータイを持たせるなんて考えられない。

みなぼん それはアノミー化の特徴でもありますよね。本当は一家に一台電話があればよかったはずなのに、一人に一台になっちゃった。

よしりん 一家に一台のテレビだったから、家族全員で見ることができたんだよ。それが個室に一台になっていく。電話も同じで、商品によってどんどんアノミー化が進んでいくということになっているわけだよね。

「夫婦同姓」でも家族は壊れる

トッキー 「夫婦別姓」は家族を破壊するって言うけど、その前にテレビが一人一台、電話が一人一台になった時点で相当壊れている。なぜそこに反対しなかったのかということになりますね。

よしりん そうなんだよ。子供にケータイ持たせておいて「夫婦別姓反対」を唱えている者がいたら、それはおかしいということになる(笑)。

やはり、消費によって個人主義化がどんどん進められてしまったという事実は間違いなくあるわけで、消費社会を無批判に受け入れているということがおかしいんだと気がつかなければならない。これによって家族がどんどん個人に分散していってるわけだから。

保守派が「夫婦別姓」はいけないと言うのはわかるけれど、しかし彼らは近代社会、消費社会をどんどん受け入れることによってもたらされる家族破壊には、一切抵抗を示さない。それは結局、自分の責任に帰することだからでしょう。自分では何もできないんだよ。でも「夫婦別姓」を認めるか認めないかは法の問題で、国がやってくれることだからね。国には頼る。国の責任に帰することはどんどん求める。でも自分の責任になることは何もせん(笑)。そういうことでしょ?

自分は意志が弱くて、自分がケータイを手放すこともできず、子供からケータイを取り上げる自信もない。自分は無力で、この家族において何の威厳も権威もない。この家族は全員、個人の自由。自分はどんな秩序を生み出す主体にもなれない。家族をまとめ上げることもできない、無力な個人。だから、どうか政府様!どうかあなただけでも、家族がバラバラにならないように法律で縛っていてください! そう言ってるわけだ(笑)。

トッキー だから夫婦別姓賛成派の左翼は必ず「夫婦同姓でも、崩壊している家族はいくらでもあるじゃないか」と言うわけですけど。

よしりん それもある意味正しいんだよ。一部の真理はそこにあるということはちゃんと認めなければならない。それをただ、左翼が言ってることなんか屁理屈だと決めつけているようでは話にならない。

やはり保守派っていうのは「思想」がない。そして「内省」がない! 自分を振り返るということができないんだ。本当にどうしようもない連中だと思うね。

Part 7

「生命」は至上の価値ですか？

ゴーマニズム宣言
PREMIUM
修身論

なぜわしはこんなに介護が嫌いなのか？

おまえらって
ジジイのオムツ
かえられるか？
ジジイの縮みあがった
チンチン見ながら
くっさいしっこやうんこを
始末できるか？
はっはっはっ
はっはっ…
わしには
できねえ。
悪いが
遠慮させて
もらうぜ。
じゃ、ババアの
観音さま
拝みながら
オムツ
かえられるか？
うわ――――っ
ははははは…
わしは勘弁
してくれ。
若いおねえちゃんの
オムツなら喜びも
あふれましょうが、
それでもうんこは
勘弁！ 勘弁！

てなこと言ってる
わしだって、すぐ
ジジイじゃい！
だれが老いたわしの
しりについたうんこ
ていねいに拭いて
くれると
いうんじゃい！
みなちゃん
オムツかえて
くれるかあ
あああああ？
え!?
かえて
あげるよ。
く…
くさいぜ。
鼻栓して
かえて
あげるよ。
パウダーも
してあげるよ。
……
……
笑っている。
この秘書は
いつも
陽気に
無邪気に
笑っている。
だが…
深刻さが
な――
――い!!

知らないのだ。老人のうんこのクサさを…

そのうんこがおしり全体にべったりくっついているのを、ていねいに拭きとる不快さを…

TISSUE
恐ろしい…介護はじつに恐ろしい現実だ。

そんな現実は見たくもない。

ダーッ
介護したくもないし、
されたくもなーーい
わしの親父が縮んでいる。

干物のように会うたび見る見る縮んでいく。

わしは父方の祖父を思い出す。老いて寝たきりになった祖父の顔を親戚が覗《のぞ》き込んで赤子をあやすようにしゃべりかけていた。

いずれわしの父もああなるのだろうか?

母だけで介護できるのだろうか?

あの遊び好きで家にいるのが苦痛でたまらないらしい個人主義の母が、辛抱強く父の介護を続けられるだろうか?

最近、芥川賞を取った『介護入門』という小説を読んだ。毛唐の音楽が好きなろくでなしの若い主人公がマリファナ吸いながら祖母の介護をする話で、読んでいて腹が立ってしょうがなかった。

ヘタだからではない。読み手を引き付け苛立《いらだ》たせる文章は上手いと言える。

金髪で偽悪的な主人公だからこそ祖母に添い寝して介護する姿にヒューマニズムで感心する読者も多いだろう。

わしは次の一文に衝撃を受けて、一瞬、全身から血の気が引いた。

「己の記憶に支えられて、弱り行く年長者を世話する時の気持ちに、人種も時代も大陸も関係はない」

ええっ、そうなのか？

介護は人類普遍の行為か？

だがわしには「老いた家族を介護せぬのは人でなし」と言われているようで、
罪悪感から苦しくて苦しくてたまらなくなるのだ。

わしの父や母が、寝たきりになったら、わしは福岡に帰って介護するべきなのか？

わしが付き添って寝てやらねばならんのか？

わしはスタッフを食べさせなければならない。

社長
読者のために描き続けなければならない。

いや、読者は大してわしの作品なんか待ってないかもしれない。

載らなくなりゃすぐ忘れてしまうだろう。

ふざけるんじゃない！

なんでわしがそんな無駄なことを！

だが、国のためにも描かねばならぬことがある。

いや、それもどうせわしの作品ごときで国がなんとかなるものでもないとは知っている。

だがとにかくわしはまだ才能があるだろう！

才能たくさんありますよ。

ぎっしりですからね。

とにかくわしにはまだやることがあるのだ！

この世の誰かに光を与えられる存在なのだ。
オ、!!
そう信じ込めて情熱があって熱心な読者もいるらしい！

そうだろ、みなちゃん？

…笑っている。

この真実味のなさはなんだ？

それにわしは親孝行もした。

父母はわしが、有名人になったことで案外、自慢なのだ。

親の介護は今まで親孝行もしてこなくて、国のために役にも立たなかった妹がするべきであって、わしがするべきことじゃない！

そうだ、わしには妹がいるのである。

あの、子供の頃からオルガンだ、ピアノだと安月給の公務員に高価な品物ばかり買ってもらって甘やかされてきた妹がいる！

しかも大人になってからもろくに親孝行もしていない！

介護なんてものは兄弟の中で一番ろくでなしが罪ほろぼしのためにやるべきもので、
わしのような社会的責任を引き受けている大人がやるべきことではない！

はっはっ
はっはっ
当然じゃないか！

そもそも
介護なんて
近代の産物だろう。
なにしろ介護ベッドが
なければ、老人を
持ち上げるとき、
介護人が腰を痛めて
老人と共倒れになる
恐れがあるらしい。
そんな近代的な器具を
日本以外の
例えばアフリカ諸国で、
貧乏な家族が
買えるんかい！
介護なんてものが、
普遍的、伝統的に
家族の本来的な行為
などと、いつの時代から
言うようになったんだ？
やっぱり、
儒教の影響か？
江戸時代までは
「姥捨て山」まで
あったじゃないか！
しかも、
家族が捨てたくて
捨てに行くんじゃないぞ。
60歳過ぎたら、
息子に自ら、
こう言うのだ…
広作…
そろそろわしを
山に捨てに行け！
60歳でだぞ！
60歳になったら、
もう
捨てられるのが
老人の
宿命だったのだ！
カーッ
ははははは
わしは、あと10年で
捨てられる——う！

捨てるか、みなちゃん？

捨てないよ。

おうちで即身仏にして飾るんですよ。

笑ってる…

本気でわしのミイラを飾る気だな…

「姥捨て山」は、嫁が老婆を疎《うと》んじて、山に捨ててこいと夫に強要する場合だってある。

だが決して老婆は嫌がったりしない。

そろそろ連れていってくれろ
…と息子に言うのだ。

息子は親をおぶって泣きながら山を登り始める。

だが母は途中で、木々の花を摘んで少しずつ山道に捨てていく。

それを見た息子は母が道しるべを頼りに帰って来ようとしてるんじゃないかと邪推して、イラつく。

おっかあ、未練がましいことしてくれるなや。

オラだって辛《つら》いんだから。

息子は山奥の捨て場に母を置き去りにして泣きながら立ち去る。

おっかあ、許してくんろ！

だが山の中はみるみる日が暮れて男は道に迷ってしまった。

そこに目に入ったのが、母が捨ててきた花びらである！

男は、息子のために母が花を捨てて行ったことに初めて気付く。

おっか
ああああ…

母は最後まで子を思い、子は母を失った後でしか母の思いに気付かない。それが家族の本来性である。

自分の死に際くらい潔くするのが人間の務めなのだ。象だって死ぬときは自ら墓場に行くという。

豊かな国の豊かな時代だからこそ、親が子供に甘えるようになった。

アフリカの国々で介護なんてないだろうし、デンマークの老人は「子供に介護されるくらいなら死んだほうがまし」と言い張って寝たきりにならないそうだ。

近代化された日本の老人は、介護保険で国に面倒見てもらおうなんて、ふてえ了見だ。

その国を守るために、十代で特攻した若者たちの潔さを考えてみたらどうだ。

我々は散々、快楽を貪って生き長らえてきたくせに、国のために死ぬこともせず、国に面倒見てもらおうと今から期待しているのか？

自分の始末は自分でつける。

それが人種も大陸も時代も超えた人類の常識、家族に対するマナーだったのじゃないか？

老人の自殺率は三世代同居が一番高いそうだ。

一番低いのは一人暮らしの老人だという。

老人にとって、家族関係における抑圧が一番辛いのだ。

家族にとっても介護期間が長くなると絶対、平静ではいられない。

そう、問題は長期の介護だ。

老いた父母はなるべく街中に住まわせて、文化的な刺激を与えるように計らってやるのが親孝行ってものだ。

老人ホームを現代の「姥捨て山」と言ったりするのも短絡的すぎる。

「介護が家族の物語」とか、「介護が国家の義務」だと、信じ込んでいるのはわしから見れば異常である。

昔、旅人がある民家に泊まつた。

そこにはまつたく働かないぐうたらな息子がいて、毎日酒飲んで寝てばかり。

あきれたことに腰の曲がつた母親をアゴでこき使つて一日中、働かせている。

おっかあ、酒や！酒！

メシはまだか？

風呂わかせ
あまりにひどいので旅人が、こつそり親に聞いた。

本当に、ひどい息子さんですね。

いえいいえ、あれは本当に親孝行な息子です。

あれは私にわざと用事をいろいろ言いつけて、働かせてくれているのです。

私はいつまでも子供のために働くのが生きがいなのです。嬉しくてしょうがないのです。

わしはこの話を小学校の時に読んで深く感動し、涙を流した。

日本のむかし話
それからだつた。わしはなるべく頻繁に喘息《ぜんそく》の発作を起こして親に心配をかけた。

まさに身体《からだ》を張つて親孝行をしたのだ。

大人になってからも、なるべく人々から顰蹙《ひんしゅく》を買うように漫画を描き続け、心配させるように努力した。

戦
争
論

親孝行ですね
先生って…

とうとうわしの正体がバレたか。

親に安心する隙《すき》を与えない。だからといって犯罪に手を染めるわけにもいかないのだから苦労するよ。

あっはっはっはっ…

しかし、わしの親は覚悟なき戦後民主主義者の一人に過ぎない。もし長期の介護になったら妹に押しつけよう。これだから子供を産める者は数人産むべきなのだ。一人くらいはろくでなしが育つ。

だがわしには子供がいない。

妻に先立たれて国家の世話になったりしたら最悪だ。

わしを山に捨ててくれる子供もいないということは…

自分で始末する方法を、考えておかねばならない!

問題は、不覚にも倒れて、自分で死ぬこともかなわぬ身体になったときだ!

そのときは君が山に連れていってくれんか?

はい、捨ててきますよ。かなり山奥に。

よし、にぎりめし一個、持たせてくれればいい。
フォアグラとか黒トリュフとかいらないんですね？
ワインだけフルボトルでいただこうかな？
ぜいたく——う
はっはっはっはっはっ…
生命維持装置はさっさとはずしなさい。
深夜、病室に忍び込んではずします！
楽に死ねる薬ないかな？
医者に金握らせて入手してくれ。
はい、私の色気で安楽死の薬ゲットします！
老後のために秘書を教育するこのわしの用意周到さを見よ！

真の不安、偽りの不安
ゴーマニズム宣言
PREMIUM
修身論

命を大切にしない奴なんか大嫌いだ！

2006年の夏、外道の戦いを描いたアニメ映画でも、*沖縄の女子学徒隊を描いた長谷川京子の*テレビドラマでも、このセリフが使われ、何度もテレビスポットで流されていた。

*「ゲド戦記」って外道の戦いじゃないんでしょ？

あんな作品は先生の説明でかまわんっ！

？

ハセキョー好きなのにバカドラマだったな〜〜

負傷兵を腹上死させるヤリチンゲールなんだもん…

「命の大切さ」…歯の浮くようなこのセリフの馬鹿馬鹿しさは何だろう？

＊長谷川京子のドラマ－2006年に日本テレビ系列で放映された『最後のナイチンゲール』。沖縄戦における女子看護隊の悲劇を「もうひとつのひめゆりの塔」として描いた。椎名桔平とのラブシーンが話題を呼んだ。

＊ゲド戦記－2006年に公開されたアニメーション映画。宮崎駿の小説『シュナの旅』を原案としている。監督は駿の長男、宮崎吾朗。

反戦平和イデオロギーで作ったテレビドラマも映画も実にくだらん。幼稚極まりない。当時の若者の感覚も全然表現されてない。ああ、戦時中の若者は可哀想という視点しかない。「日本のために戦う」と主張する若者は大概時代に洗脳された哀れな子として描かれ、それを戦後の視点で冷めた目で見る若者が正直な子として描かれる。馬鹿馬鹿しい
「命の大切さ」は主に反戦イデオロギー注入のために使われているようだが、こんなセリフを聞いて…

そうか！嫌われないように命を大切にしなくちゃな！

特に戦争だけは絶対反対するわ！

命を大切にしない戦争なんか大嫌いだっ!!

…と呼応する若者がいるのだろうか？

そんな純粋まっすぐ優等生がいたとしたら、その若者の方が恐い。

反戦平和のために「命の大切さ」を訴える人は、憲法改正を自国の軍国主義化と捉えて、自国にのみ「不安」を覚える人たちだ。

朝日新聞
論座
世界
一方、日本を、軍隊を持つ普通の国にしたいと考える人々は、中国や北朝鮮の核を頂点とする軍事力に大いに「不安」を感じている。

正論
諸君！

WiLL
反戦平和の人たちは中国や北朝鮮の軍事力には「不安」を感じない。

彼らは、日本が再び戦争できる国になるかもしれないという「不安」の解消のために「命の大切さ」を訴える。

命だけは惜しい。

命さえあれば幸せ。

命さえ保証してくれれば、植民地の民になっても構わない！

戦争するくらいなら奴隷になった方がいい！

…という人間を育てれば、戦争は起こらない！

それが彼らの考えた迷案である。

論座
世界

「命を大切に」してたら、今まで『ゴー宣』描いてこれたか？国民は「命を大切に」する範囲での言論しか求めてないのか？それじゃあ、ネットで匿名でやるしかないじゃないか！

だが困ったことにこの「命の大切さ」キャンペーン、国内の青少年の状況を見る限り、健全な効果を上げているようには見えない。
06年8月には16歳の少年が30万円で自分の母親を殺す依頼を友人にしたという事件があった。
6月には、父親の受験勉強の強要に反発した少年が、自宅に火をつけて母妹を焼死させた事件もあった。
今や少年・少女が親兄弟や友人その他を殺傷する事件は珍しいことではなくなった。
16歳長男を逮捕
殺人・放火容疑「殺そうと思った
母殺害「30万円で依頼」
稚内の高1 友人と共謀
高1男子、包丁で母刺す
19歳放火、父を殺害
中1放火、弟焼死
それでも未成年の犯罪の発生率は統計的には昔より減少しているという。
家庭や学校で「命の大切さ」を教えてないんですかね～～～。
ところが奇妙なことに、「人は死んでも生まれ変わる」と信じている子供は異常に多くなっているのだ！
これは実に不気味である。
「命を大切に」というキャッチフレーズは蔓延《まんえん》しているのに、「死とは何か？」という問いすら忘却されている。
命の価値は最大限に重いとキャンペーンされているのに死の価値は異様なまでに軽い。
自分の命の充実のために友人や兄弟や父母が邪魔だと思ったら殺す。
自分の命ばかりが圧倒的に大切らしい。

アラブで聖戦を戦っている者たちに「自分の命も他者の命も大切に」と説いても、鼻で笑われるだろう。彼らは命よりも大切な価値のために戦っているのだから。そのことを聖戦で子供を失った母までが理解している。命よりも大切な価値について、この日本では誰も考えようとしない。
夏になると毎年、マスコミが戦争を語る。いかに戦争が悲惨か、残酷で恐ろしいか、人の命を大切にしないかがこれでもか！と語られる。
「生命至上主義」
そこには命を超える価値など絶対にないかのようだ。考えられてもいない。
若者は当たり前のことを繰り返される退屈さに、大人に対しては期待される反応を示し、実は生にも死にも思考停止した状態を呈するのみである。
終わらない戦後 象徴
「皇民化」誇りは幻
戦争の惨禍
満州事変～終戦の14年間
昭和戦争の責任
あの日あの夏
戦後61年
そもそも「命を大切にする」という考えは、良心でも倫理でもない。
「生きながらえる」ことだけでは倫理にならない。
そこには「犠牲的な死」の観点が脱落している。
戦場で彼ら、彼女らは生死を賭けて何を守ったか？
死の断絶に直面して呼び戻された良心についてマスコミは決して語ろうとしない。
遺書
家族のために、故郷のために、国のために、天皇のために、命を犠牲にすることは尊いか否か、という良心の問題から逃げている。
『私の命』と『他者の命（家族・知人・他人）』の二者択一になったとき、つまり極限状況での生死の選択に対する問題を、マスコミは隠している。

日本に留学に来ていた韓国人が、電車のホームから落ちた日本人を助けるため、線路に飛び降り、救出して、自らは間に合わずに電車に轢かれて死んだという痛ましい事故があった。

彼は自分の命を粗末に扱ったのか？

「私の命」を犠牲にしても守るべきものがある。

あの韓国人と戦場に散った若人の共通点…

それは、命を超える価値のために殉じた、ということだ。

人間の良心や倫理に向き合わずに「命の大切さ」や「命《ぬち》どう宝」などの、極限状況を設定しない不誠実な標語を電波や印刷物で流し、町中に貼り出しても何の意味もない。

命どう宝
さて、「不安」について身近なところから語ろう。

誰にも私的な不安、公的な不安がある。

年寄りはボケないかどうか不安だろう。

寝たきりで介護づけになるのも嫌だろう。

男性社員の不安は格差社会の影響で高まっている。

若者は将来安定した職に就けるかが不安だろう。

非正規社員は将来設計が立てられなくて不安だろう。

親たちは子供の将来が不安で塾に通わせている。

貯金も増えないし、これで子供を大学までやって、結婚させて、自分たちの老後の蓄えまでもつだろうかと不安に違いない。

30代の働く女性はこのまま結婚せずにいて大丈夫だろうかと不安だろう。

マルティン・ハイデガー　1889年、南ドイツ生まれの哲学者。1917年結婚したが、後にユダヤ人の弟子ハンナ・アレントと愛を育む。アレントはアメリカへ亡命したが、ハイデガーはヒトラーに心酔し、ナチズム体制と協調する。最大の著作は1927年発表した『存在と時間』。かなり難解。西欧思想は存在の意味を問うことを忘れていると指摘。まったく斬新な視点を構築する。

目下のところわしの個人的な不安は本を読む時間がないことだ。

仕事のための本ばかり読んでいて楽しむための本が読めない。

これが一番の不安である。

秘書に運転させてマイカーに乗るようになって歩かない。

家では一日中足を組んで仕事をしている。

これでは足が退化してしまうのではというのも不安である。

しかしこういうものは明確な対象があり、理由もあるものなので、「不安」ではないとハイデガーは言う。

ハイデガーによれば、『恐れ』と『不安』は違う。

「恐れ」は特定の対象と特定の理由を持っている。

私的な不安はもちろん公的な不安と人々が思っているものも…

戦争に対する「不安」というのも、「死ぬこと、殺すことが恐い」というレベルでは実は「恐れ」に過ぎない。

ハイデガーの言う「不安」は、その対象も理由もまったく無規定的である。

人々が「なんとなく不安」と思う時の漠とした情緒こそが、真の「不安」だと言うのだ。

人間は何の根拠もなくこの世界に投げ出されている。

しかも他人に代行してもらうことも出来ない固有の死を引き受けなければならない。

このことに気づいたとき、人間は「不安」になるのだ。

戦後日本はまさにこの本質的な不安に向き合わない。その最たるイデオロギーが生命至上主義である。

しかも人間は、大地に根ざすことなく、自然への畏怖を感じることもなく、死から遠ざけられたテクノロジーの世界に投げ出されている。

「なんとなく不安だ」と感じるのは、このような死を忘却した不気味な世界に人間が暮らしているからである。

この本質的な「不安」を忘却して、人間は娯楽や、おしゃべりや、多忙や、トラブルを抱え込む日常に埋没している。

命それ自体を至上の価値として、死の断絶の可能性に直面することなく、日常へと頽落《たいらく》している人間をハイデガーは世人〔ダス・マン〕と呼ぶ。

世人は死を忘れ、良心を忘れて、日常へと頽落している。

人間は、死に直面して良心の呼び声に耳を澄まし、本来的な自己に立ち返るものである。

その意味では、戦争の具体的な局面では真の「不安」に向き合わねばならない事態がままある。

では、死に直面する
極限状況の話に戻ろう。
「私の命」と「他者の命」との
二者択一の状況に置かれたとき、
誰の命を大切にするのか
という問いだ。
駅から転落した他人の
命を救ったために、
犠牲となって死んだ若者は、
犬死にか？
価値のない死か？
断じてそうではないだろう。
必ずしも
他人の命を
救うために
自分の命を
捨てるべきだ
と言うつもりは
ない。
わしにも
出来ないかも
しれない。
しかし後悔は
すると思う。
呼び戻された
良心が、自分を
責めさいなむに
違いない。
沖縄戦では、日本軍が
住民を壕から追い出した
事例があった。
死に直面した日本兵が
住民を犠牲にして
生き残ろうとした例が
多くあった。
だから沖縄の反戦運動家は
「軍隊は住民を守らない」と
子供たちに教える。
住民に対して銃を突きつけ、
壕から出ていけと脅した兵隊は、
「私の命」か「他者の命」かの
極限状況で、
「私の命」を優先させた。
私の命を大切にした！
本来、自分を守る兵隊なんて、
ありえない。
兵隊は自国の民を守るために
「私の命」を投げ出すもの。
住民を見殺しにする兵隊なんか、
そもそも兵隊ではないのである。

＊関東大震災の混乱の中で「朝鮮人が井戸に毒を入れている」というデマが広がった。そして自警団との衝突により多くの朝鮮人死者が発生した。横浜の警察署長・大川常吉は「毒を入れたという井戸水を持ってこい。その水を飲んで見せよう」と言って井戸水を飲み干したとされる。

普通の人間にとって、「死＝極限状況」に直面して良心を呼び出すためには訓練が必要である。
日常から、死を前に自分が何を為すか、何を選択するか、そのためにはどれほどの勇気が必要か、覚悟が必要か、シミュレーションしておかねばならぬだろう。
自分の中には「私心」と「公心」が同居している。
＊
死に直面する極限状況で「公心」を選ぶことが、つまり「良心」を呼び出すことである。

「公のために死ぬ」、あるいは「国のために死ぬ」ということは、良心の問題と繋がっている。

なのに反戦平和の人々が「国のために死ぬ」という思想だけは危険だと遠ざけながら、「命を大切に」とだけ教えるのは、結局、極限状況では「私心」を選択せよ、と教えているに等しい。

命どぅ宝
つまり住民を壕から追い出した「公心」を失った日本兵のようになれ、と言っているようなものだ。

「私心」「私欲」に
良心はない。
「公心」「愛国心」にこそ、
良心に繋がるものがある。
住民を見殺しにした兵隊には
「愛国心」はなかった。
「私心」のみがあったのだ！
そして負傷した兵隊を
看護した少女たち、学徒隊にこそ
「私心」を超越した「公心」、
「愛国心」があったのである！
わしは沖縄での日本兵の
「壕追い出し」行為を、
イラク邦人人質バッシング行為に
似ていると直感する。
イラクで武装集団に
人質になった若者たちを、
ネットで「あいつらは自作自演だ！」との
風説を流布し、
「自衛隊派遣の障害になってはいけない、
見殺しにせよ！」と叫び、
日本中でバッシングしたあの事件だ。
軍の行動を第一義に捉え、
民間人を犠牲にするという考えは
「公心」ではない。
軍が、軍それ自体を守るのは
「私心」であって、「公心」ではない。
軍は民間人を守ってこそ
「公心」なのだ。

これは「有事法制」にも
直結する問題だ。
例えば日本全土が
戦場と化し、
北朝鮮のテロ部隊が
日本の都市に潜入した
というような非常事態には、
国民の住居を立ち退かせて
自衛隊が使うこともあり得る。
ガガガガッ
ガガ
ダダッ
ダダダ
それは非常事態なのだから、
多くの国民の生命財産を守るため
自衛隊に協力するのはいいだろう。
だが住居を明け渡した住民を
自衛隊と国は、必ず守らねばならない。
ただ出ていけでは沖縄戦の
「壕追い出し」と同じになる。
わしの公的な「不安」は、
常にこの、極限状況での
「私心」と「公心」の
葛藤についてである。
なにしろわしは
自分が臆病なことを
十分、知っているから。
今の日本は、ナショナリズムが
肥大していると、
リベラル気取りの
サヨク知識人は言う。
わしは、そうだろうかと
疑問を覚える。
保守論壇誌を読む
オヤジにしろ、
ネットで愛国心を叫ぶ
オタクにしろ、
単なる「恐れ」ではなく、
正しく「不安」と
対峙しているのだろうか?
正論
ナショナリズムというほど
極限状況をイメージ
しているだろうか?
ぷちナショナリズムでは
ないだろうか?

「大君の辺《へ》にこそ死なめ」という
崇高で不安な状況を
イメージできるのだろうか？
ごーまん
かまして
よかですか？
人間は「命の大切さ」を意識しても、良心を呼び起こせない。
むしろ人間の不安の源泉である「死の断絶の可能性」に直面したときにこそ、倫理の扉は開くのである。
良心を呼び出すということは、公的な自分を呼び出すということである！

Part 7
「生命」は
至上の価値ですか?

解説

「ヒューマニズム」ほど傲慢な思想はない

生命なんて大したものじゃない

よしりん　わしは死刑を廃止してはいかんと思っている。人間というものに対して、そんなに希望を持っちゃいけないと感じているんだよ。人間はどこかで必ず改心するなんてことは言い切れない。
　もちろん、中には改心する場合もあるだろうけど、たとえ改心しても殺された被害者は絶対に帰ってこないわけだから、いくら改心しても遅い。もう「後の祭り」だからね。
トッキー　悪人が真人間になってよかったね、では済まないですもんね。

よしりん　それに人間の「生」というものに対して、そこまでの価値を認めていいのかという疑問がある。人の生命なんて、そんなに大したものではないという感覚を持たなければいけないと思うんだよね。
　例えば駅のホームから落ちた人を助けようとして、自分が電車に轢かれて死んでしまった人がいる。「生きる」ということ自体に価値があるのなら、その人の「死」とは何だったのか。自分の生が至上の価値だったら、線路に落ちた人は見捨てなければならなかったはずでしょう。
　自分の命の危険を顧みずに他人の命を救おうとした、立派な人が死んでしまう一方で、他人の命を奪って反省もしていないような人間が、死刑にもならずに生き延び続ける。これでは不公平感が大きくなりすぎるでしょ。

死刑廃止論というのは、たとえ凶悪犯の命でも、人の命は絶対的に大切だという前提で考えられている話なんだけど、それなら人間の生命とアリの生命はどっちが重いのか。生物の命に高等とか下等とかいう価値はあるのかと考えなければならない。豚でも牛でも、今までどれだけの生命を奪って食ってきたんだよという話になる。この地球上で、人間の命だけが貴重で価値があるということになって、それはとんでもない驕りになってしまう。これはヒューマニズム、人間中心主義というものの誤謬だよね。

みなぼん 「ヒューマニズム」って、考えてみればずいぶん傲慢な思想ですよね。

よしりん やっぱり大したもんじゃないんだよ、人の生命なんてものは。中国でちょっと地震がきたら、何百人と死ぬんだよ。北京オリンピックの前にチベットのあたりで「四川大地震」があったときは日本でもどんどん報道したけど、今年4月に起きた「青海省地震」は大して報じてもいない。今度も何百人と死んでるのに、「また中国で地震か〜」程度の感覚で、関心も持たない。もう飽きてるんだよ、地震で人が死ぬことに(笑)。すごい話だよね。命に対する関心なんて、たったそれくらいのものだよ。

何の罪もない人々がこんなに死んでいるのに、われわれは飽きてしまって何とも思っていない。それなのに、人を殺した死刑囚の命なんかを一番大切にして、「死刑廃止」を訴えて「命は大切だ」なんて唱えているんだから、ウソつき! と言いたくなる。じつは人の命が大切だなんて思ってもいないくせに、えらそうに言うなって。本当に命が大切だと思うのなら、さっさと中国に助けに行けよ。死刑囚よりも、助けなければならない命はいっぱいあるんだから。

「孝」は境遇によって異なる

よしりん 「介護」については、これを「家族の物語」だという意見と、「国家の義務」だという意見があったけど、わしはどっちも肯定できないな。保守派の側は、介護をするのは家族の責任だと言うし、左翼のほうは国家が面倒をみるべきだというようなことを言うわけだけど、わしは「自己責任」だと言っている。老いたときには自分で自分の始末をつけろという話。

みなぼん 「修身」といえば必ず引き合いに出される「教育勅語」には「父母ニ孝ニ」という徳目がありますけど、これは親の介護とか、世話をするということも含んでいるんですか?

よしりん 教育者の杉浦重剛が少年時代の昭和天皇に行った教育勅語の御進講では、日本の「孝道」は儒学の影響が大きいが、漢書の渡来以前から日本人は「孝道」を実行していたと説いている。そして具体的に親の世話ということについては、こう言っている。

「孝は境遇によりてその方法を異にす。中流以下の人民にありては、親の身体を養ふを第一義とす。それを養体と云ふ。父母は老いて静養を必要とす。故に子たるものは、父母に暖衣飽食(暖い衣服と十分な食事)を進めて、その身体の健全を計らざるべからず。(中略)

上流社会の人は、下民と異なり、衣食に毫も憂ふる所なし。されば、養体よりも、むしろ父母の精神を安んずるを第一義とす。これを養心とす」

だから、基本的には親の世話をするのが「親孝行」と言ってもいいんだけど、ただここで、もう一歩踏み込んで考えなければならないことがある。つまり、ここでも言っているようにそれは「境遇」によって異なってしまうのであって、やはり老親に暖衣飽食を与えるにも「中流」ぐらいの境遇は確保していなければ無理でしょう。もっともっと貧しい境遇に置かれたら、まったく違うことになってしまうわけですよ。

例えば江戸時代なんか、農村では飢饉が起きれば子供を平気で捨てたりして、それを誰かが拾って育てていたりもしたわけですよ。現代では熊本県の産婦人科病院が育てられない子供を入れる「赤ちゃんボックス」を設置しただけで、すごい非難されたり、議論になったりしたけど、そんなものとは全然くらべものにならない。

「母性本能」なんて言葉があるけど、本当に「母性」なるものが人間に生まれつきの「本能」として備わっているのかといえば、そんなことはまったくないというのは近頃の児童虐待なんかを見れば明らかで、「母性」を発揮するにもそれなりの文化や経済による境遇が保障されていなければならない。

「親孝行」にしたって同じことで、「姥捨て山」の話にまでさかのぼってしまうと、子供が親の面倒をみるなんてことは決して常識だったといえる話ではないんですよ。

トッキー 死ぬまで親の介護ができるのなんて、豊かな時代だけってことですか。

よしりん これからどんどん高齢化社会になっていって、じいさんばあさんばっかりになったとき、日本は経済的にどうなるわけ? やはりこれは「自己責任」じゃないか。自分がこれから老いていく、そして死ななければならないということに対して、どのように自分に始末をつけようかってことを、みんなもうちょっと考えないといけないんじゃないの?

究極の家族の物語

よしりん 昨年の総選挙の前に、「後期高齢者」という言葉が失礼だとか言って誰も彼もが自民党を批判して、それが政権交代の要因の一つにまでなってしまったけど、激しくわからなかった。未だにわからない。あれ、何を怒ってたの?

トッキー 「後期」とはなんだ! とか言われて、じゃあ「長寿高齢者」にしましょうかとか言ってましたけど。

よしりん 「後期高齢者」は失礼だって、どういう文句なんだ?

トッキー 実際「後期」じゃないか、いや、「末期高齢者」でもいいくらいじゃないかとか?(笑)

よしりん 年寄りが、何をいつまでも生きることばかり考えてるんだよ。さんざん高度経済成長を謳歌してきたんだから、もう姥捨て山に行けって言いたくなる(笑)。迷惑なんだよ、今後、年寄りがいっぱいいて。若い者の負担になるじゃないか!

みなぼん うちのチーフ・広井さんに子供が生まれたとき、男の子だったけど、女の子がよかったなあと言うから、なんで?って聞いたら、「いやあ、なんだかんだ言っても、女の子のほうが年とったときに親の面倒をみるんだよ」って(笑)。

よしりん やっぱり、みんなそう考えるんだよ。子供に自分の面倒をみてもらおうって。でも、それが本当に「家族の物語」なんだろうか。

親の介護を「国家の義務」にしたら国の負担がものすごく大きくなって、社会主義になるから、民間で、自分の家族で面倒を見ようというのが保守派の理屈だよ。でも高齢化で国の負担が大きくなるのがいやだったら、自分でさっさと死ねよ（笑）という意見だってあっていいはずだよね。自分で自分の始末をつける方法くらい考えておかなければならないんじゃないの？

みなぼん　ちょっと前にニュースでやっていたけど、年配の夫婦がいて、もう中年になっている子供がいるんだけど、その子供が病気で障害があって、自分たちが年とって死んでしまったらこの子は一人では生きていけない、どうなってしまうんだろうと母親が悲観して、その子を殺してしまったんですよ。その後で母親はものすごい罪悪感に苦しんで、子供を殺してしまったのに自分だけ生きていけないと、夫に自分を殺して下さいと頼むんです。それで夫も気持ちがわかるから、妻を殺してしまって、その夫の裁判があったんですよ。でもこの人の判断を、第三者が裁けるものなのかどうかって、すごく考えちゃったんですけど。

よしりん　法律上は裁く方法があるのかもしれないけど、本当に人間の道徳や倫理観としてそれを裁くことができるのかといったら、ほとんど不可能だよね。実はものすごく立派なことをしたのかもしれないとも言えるよね。

でも、うかつにこんなことを言ったら、身障者を生かしておいたら社会の面倒になるから全部間引けというような、ナチスみたいな考え方にもつながりかねない。もちろんこういうことを国家のレベルで考えたら民族浄化みたいなイデオロギーになって危険だけど、あくまでもこれは個人の判断だからね。個人の判断にはやはりいろんな場合があって、この場合は愛情のあまりでしょう。自分が年とって死んでしまったらこの子は生きていけない、その哀れさを考えたらもうこうするしかないというのは、その人の愛情だから、その愛情の表し方に対しては、もうほとんど善悪を超えていると判断するしかなくて、本来は裁こうにも裁けるものではないなあ。

みなぼん　だから、簡単にどんな命も大切で、どんなものも生きているからこそ意味がある的なことを言っても、説得力がないと思ったんですよね。

よしりん　生きているからこそ意味があるとか言ったって、本当に障害を抱えていて、面倒をみてくれる手だてが一切見つからなくて、その子がどうなってしまうかわからないとなったら、究極的にはそういうこともあるわけだよ。

実際、日本以外の、文化・文明が破壊された途上国では、人間の原始的な面が剥き出しのはずじゃないか。当然、歴史上過去にさかのぼれば、日本にだって命の大切さなんてこだわっちゃいられないという時代もあったはずさ。

最後の「修身」

よしりん 年をとったら自分で自分の始末をつけろ、「自己責任」だとわしが言っているのは、自分で自分の死に向かい合うという「自己責任」。これは、ハイデガーの言う「不安」というものだ。死を直視せよ。いつもいつも死を忘れて生きていこうとしているだろう。それによって世人は良心を忘れ、日常へと頽落しているのだということ。

トッキー その「自己責任」と、イラク人質バッシングのときの「自己責任」は違うんですか。

よしりん 全然違う話だね。

イラクの人質事件が起きたとき、保守派は「自己責任」だ、こんなことで国家に迷惑をかけるなんてとんでもないと言いつのった。

ところが最近、中国で三人の日本人が覚醒剤密輸の罪で死刑になったら、不思議なことに保守派は、なぜ中国に抗議をしないのかと言っている。これ、ヘンでしょ？　中国では死刑になるほどの重罪だと分かっていながら、自分で覚醒剤密輸という犯罪をやったんだから、これこそ「自己責任」と言って何もおかしくない。それなのにこの場合は「中国に抗議しろ」と言い出すんだから。イラクで人質になった人は、別に何も犯罪をしてはいないんだよ。ただちょっと勘違いしたヒューマニズムでイラクに行った人（笑）と、仕事で行ってたジャーナリストだよ。ところがそれに対しては国家は関与しなくていい、自己責任だと言った。これは圧倒的におかしいだろう。

本来は、これは両方とも国家が関与しなければならないことだったんだよ。イラクの場合はまったくの民間人である日本国民が捕えられたんだから、日本国家が何としても救おうとするのが当たり前の話。パスポートを持った自国民が海外で危機に遭ったときに「自己責任だ」と言う国家なんて、何の意味があるんだ？　これは純然たる国家の威厳の問題だから、与党幹部や閣僚までが「自己責任」と言ったのは圧倒的におかしい。

一方の中国のケースでは、鳩山首相（当時）が中国には中国の法律があるから仕方がないみたいなことを言ってあっさりあきらめてしまったのに対して、保守派はただ中国憎しで抗議しろと言ったけど、一体何を根拠に抗議するわけ？　ただ国家の威厳の問題だけでは根拠が薄い。実際に覚醒剤密輸していたんだから。それでも抗議するのはなぜなのかということを、はっきりさせなければならないと思う。

わしはやっぱり中国に抗議しなければならないと思っているが、それは覚醒剤密輸で死刑にするのはジャパニーズ・スタンダードではないからだ。ここはジャパニーズ・スタンダードを突きつけて、ルールの勝負をしなければならない。おまえたちは非人間的だ。人権意識が全然ない。なんという残酷なやつらだ。覚醒剤は悪だけど、死刑にするほどのものか、異常じゃないかと、ジャパニーズ・スタンダードのルールを押しつけて、日本の標準を国際法にして、中国のあまりにもデタラメな人権意識を改正させなければならない。

一方で、死刑制度があるから日本は人権意識が遅れていると言う国もあるが、それに対しても間違っていると言わなければならない。そんなルールを絶対に国際法として押しつけられてはいかん。死刑は必要なんだよ。これが世界標準にならなければいけないんだよ。そういう国家の対処というものを、ちゃんとやらないといけないと思う。

けれども、老人は自分の死に自分で向き合え、自分で始末をつけろという「自己責任」というのは、国家の威厳の問題でも何でもない。人間はどのように生きて、自分に始末をつけるのかという問題であって、ネコだってなるべく目立たぬ場所に行って死ぬ、ゾウはゾウの墓場で死ぬ、そういうレベルの話なんだから(笑)。

みなぼん　そんなレベルの話ですか？

よしりん　まあ、それと同じかどうかは知らんが、やっぱり人間の死に方って、どうあるのがいいのだろうかということを考えないといけないのじゃないかと言いたいんだよ。

ただただ生きておくだけで、生命というのはそんなに価値があるものじゃないだろう。

「海行かば　水漬く屍
山行かば　草生す屍

大君の辺にこそ死なめ
かへりみはせじ」

万葉集に収められた大伴家持の長歌だ。これに信時潔が曲をつけ、大東亜戦争時に特に歌われた。

この「大君の辺にこそ死なめ　かへりみはせじ」というのは、天皇のために死んだら、もう自分を顧みるようなことはすまい（後悔しない）ということだからね。

このように死の断絶の可能性に気付いたときにこそ、倫理の扉が開くとわしは描いたわけだ。


そのときに、どのように自分に始末をつけるのか。生命に対して、どのような結論を下すのか。これが「倫理」だからね。

結局、「身を修める」とは、死に際というものを、どのように修めていくかということにつながっていくんだよね。「生き方」と「死に方」は不可分であって、自らの死に目を閉ざしては「修身」は完成しない。

死に際の自分の身の修め方というものが、最後の「修身」なんだよ。

あとがき
「ゴーマニズム」こそが、わしの修身

『ゴーマニズム宣言』を始めてこのかた、わし自身が相当に傲慢な人間だと思われるようになってしまった。

「ゴーマニズム」はわしの造語で、1994年には新語・流行語大賞の「審査員特選造語賞」というのをもらったりもしたが、未だにこの言葉に込めた意味はなかなか理解してもらえない。

かつては週刊誌が、単に生意気でいけ好かない人物を列挙して非難するだけの特集に「ゴーマニズムなやつら」なんてタイトルをつけたこともあった。

そもそも「ゴーマニズム」とは、自分が一介の漫画家であるという自覚から発生した言葉である。自分は学者でもなければ評論家でもない。専門的な知識もない。直感を頼りに、実力主義のエンターテインメントの世界で生き抜いてきたプロフェッショナルとしての矜持は持っているが、社会問題について世の中に偉そうにモノ申すような立場ではない。

大学教授のような肩書もなければ、文春や朝日などのお墨付きもない。要するに権威がない。そういう「身の程」をわきまえながら、それでも自らの直感から、やむにやまれず言挙げしなければならない場面に至って、傲慢と思われましょうが、あえて言わせていただけないでしょうか？　ということで「ごーまんかましてよかですか？」と断りを入れているのだ。

これって、ものすごく謙虚な態度でしょ？　そもそも、本当に傲慢な人間が意見を言う前に、いちいち聞く人にお伺いなど立てるわけはないのですよ。聞く側の気持ちなんか考えもせず、言いっ放し、やりっ放しが本当の「傲慢」というものなのだから。

『ゴーマニズム宣言』の漫画だって、全然好き勝手には描いていない。原稿用紙に向かう以前の段階から、膨大な手間ヒマがかかっている。

まず、パソコンでシナリオを書く。学術的な裏付けが必要な時は本を読みながら文章を考え、何度も推敲する。

それからコンテ（下書きの前段階のラフ）を描く。コマを割りながら簡単な絵を入れ、ネーム（台詞・ナレーションの文字部分）を書いていく。決まったページに収めるため、シナリオ段階の文章全部は入らず、この時点でさらに書いたり消したりを繰り返す。

コンテができたら仕事場にファックスで送り、秘書みなぼんが一番に読んで、電話で詳細に感想を述べる。これでわしの意図が伝わっているかどうかを確認できる。そしてみなぼんが気づいた間違い、ミスを修正し、コピーをスタッフ全員に配る。

このスタッフの感想から、さらに理解できない者がいないか、誤解する者がいないか確認できる。これだけのプロセスを経て、ようやく原稿用紙に絵を描くことができるのだ。

しかもこれで確定とは限らない。担当編集者がコンテを熟読して、感想と共に間違いや疑問点を指摘する。編集者もわしの描くテーマについて勉強しているのだ。このコンテが担当から副編、編集長へと上がっていく過程でも、抗議や訴訟が起きても大丈夫かという点まで厳重にチェックし、問題があればわしと相談する。

この時点でコンテが変更になり、スタッフが描いていた絵を捨てなければならないこともあるし、絵のミスが発生して描き直すこともある。絵が仕上がるまでにもかなりの日数を要し、入稿してから雑誌の発売までにさらに1週間以上かかる。

ネットの普及で、もうこんな時間のかかる手法は通用しないのではないかと心配したこともあるが、これはこれでメリットもある。メールやブログなどは、一時の感情で書き散らし、書いた本人でも一晩寝て冷静になったら後悔しかねない駄文であってもノーチェックで垂れ流される。

それに対して『ゴー宣』は、十分すぎるほどの熟考の時間と、何人ものチェックを経て作り上げている。だからこそ時間の流れに

「ゴーマニズム」こそが、わしの修身

耐え、本書の収録作のように、発表後10年以上経っても今日のテーマとして通用する作品もできるのである。ちょっと手前味噌っぽいか？

とにかく、わしが「ゴーマンかます」というスタイルでやっているからと、それを猿真似して、ただ居丈高にネットの中で批判や罵倒を書いたところで、そんなもので人の共感は決して得られない。「何様のつもりだ」と言われるだけだ。

自分が「何様」なのかわかっていない。「身の程」を知らない。つまりは「修身」ができていないのである。いわば「ゴーマニズム」という言葉そのものがわし自身の「修身」を象徴していたわけだ。

とはいえ、わしの「修身」が完成しているなどと言うつもりは毛頭ない。逆に、痛烈に反省することが多い。

例えば先日、「修身」を掲げて毎月開催している『ゴー宣道場』で、参加者の一人が、ゲストに来てくれた民主党の大臣に、質問のついでに「名刺をいただけないか？」と言った。ほんの茶目っけで、悪気はなかったのだろう。しかし、やはりこれは失礼だ。

だがこの時、わしは適切に対処できなかった。「そんなことできるのかな？」と戸惑いながら大臣に尋ねる始末で、他の男性講師

陣も、とっさの事態にあっけにとられているだけ。大臣は御自分の名刺をさわりながら躊躇しておられた。

いくら教科書的に「礼儀を重んじよ」とそらんじても、実際に目の前で失礼な言動があった時に、機敏に反応できなければとても「修身」ができているとは言えない。

この事態を突破したのは、司会の女性ジャーナリストだった。「他の方も欲しいでしょうから、それはご遠慮ください」と見事に断ってくれたのだ。

この日は現職大臣が来るということで、わしはテロの警戒ばかりしていた。しかし考えてみれば、そこでテロという非日常の事態が起きる可能性は限りなく0％に近かっただろう。実際に起こるのは日常の些細な事態。マニュアルがない想定外の失礼な言動であり、それに具体的にどう対処するかが問題だったのだ。

男は非日常の事態にばかり心を奪われて、日常に潜む危険に反応できないが、女性はそういう事態に反応する智恵を持っているのではないだろうか。失礼な言葉に機敏に反応できた女性司会者を見て、わしは反省した。男は日常の中の感性をもっと磨くべきなのだ。

「ゴーマニズム」こそが、わしの修身

最近の自称保守・運動保守は「我こそは愛国者なり」と天下国家を憂うふりをしているが、全くの紋切り型で杜撰な思索しかせず、その感性の鈍さたるや目も当てられない。日常のTPOに応じて、どう反応するかを鍛えていない者が、国家を揺るがす全く想定外の緊急事態に、機敏に対処できるわけがないではないか。

一身独立して一国独立す。身を修め、現場で戦う覚悟を養った者こそが、本当に天下国家を動かす人物になりうるのである。愛国心を声高に叫ぶ前に、まず礼儀から、マナーからだ。

というわけで、この本のために尽力してくれた皆様への礼儀を尽くし、心よりお礼申し上げます。『修身論』にふさわしい写真を撮影してくれた篠山紀信さん、ありがとうございました。いつもブックデザインをお願いして、いつも斬新なアイディアで驚かせてくれる鈴木成一さん、今回もお見事でした。感謝します。そしてマガジンハウスの粕谷大介さん、どんどん遅れるスケジュールにも辛抱強く待っていただき、本当にありがとうございました。「これ以上遅れると、僕が会社に怒られます」という一言はさすがにこたえました。

平成22年7月1日　小林よしのり

この本の作品は、以下の単行本に収録されたものを加筆訂正した上で転載しました。
各章の解説文は、すべて語り下ろしです。

Introduction **修身論**――描き下ろし

Part 1 **「恋愛」「結婚」をごまかしていませんか？**

- **韓流純愛ブームとニート**――ゴーマニズム宣言EXTRA 挑戦的平和論（下巻）（幻冬舎）
- **「セカ中」は「自己中」 純愛とは何か？**――ゴーマニズム宣言EXTRA1（幻冬舎）

Part 2 **「自由・平等」の家族は理想ですか？**

- **盲導犬の「犬権」を守れ**――新ゴーマニズム宣言6（小学館）
- **自由・平等のファミレス・コンビニ・ファーストフード**――新ゴーマニズム宣言5（小学館）

Part 3 **「平凡」はいけないことですか？**

- **プライドを捨て平凡に胸を張る勇気**――新ゴーマニズム宣言1（小学館）
- **「平凡な希望」も持てない社会**――新ゴーマニズム宣言15（小学館）

Part 4 **「魂」をつくる教育とは？**

- **英才教育 恩師アリさん**――ゴーマニズム宣言2（幻冬舎文庫）
- **近代的個人は「オレ様」に堕した**――新ゴーマニズム宣言15（小学館）

Part 5 **「いじめ」とどう戦いますか？**

- **わしのいじめ体験を告白しよう①②**――ゴーマニズム宣言1（幻冬舎文庫）
- **いじめは社会主義学校の平等苦からの逃避**――ゴーマニズム宣言8（幻冬舎文庫）
- **いじめから逃げる場所などない**――ゴー宣・暫1（小学館）

Part 6 **「孤独」に耐える強さを持てますか？**

- **ピュアな携帯関係に期待はしない**――新ゴーマニズム宣言7（小学館）
- **消費だけで人情や愛情は支えられない**――ゴーマニズム宣言NEO1（小学館）

Part 7 **「生命」は至上の価値ですか？**

- **なぜわしはこんなに介護が嫌いなのか？**――ゴー宣・暫2（小学館）
- **真の不安、偽りの不安**――ゴーマニズム宣言EXTRA パトリなきナショナリズム（小学館）

参考文献

●『道徳教育の歴史』勝部真長・渋川久子／玉川大学出版部　●『昭和天皇の学ばれた教育勅語』杉浦重剛　所功解説・編集／勉誠出版　●『精撰「尋常小学修身書」』八木秀次監修／小学館文庫　●『「修身」全資料集成』渡部昇一序　宮坂宥洪監修・解題／四季社　●『世界の中心で、愛をさけぶ』片山恭一／小学館　●『日本の不平等』大竹文雄／日本経済新聞社　●『階層化日本と教育危機』苅谷剛彦／有信堂　●『教育改革と新自由主義』斎藤貴男／寺子屋新書　●『オレ様化する子どもたち』諏訪哲二／中公新書クラレ　●『昭和三十年代主義』浅羽通明／幻冬舎　●『介護入門』モブ・ノリオ／文藝春秋

著者紹介

小林よしのり

昭和28年福岡生まれ。昭和51年、大学在学中に描いたデビュー作『東大一直線』が大ヒット。以降、『東大快進撃』『おぼっちゃまくん』などギャグ漫画に新風を巻き起こす。平成4年、「SPA!」(扶桑社)にて『ゴーマニズム宣言』(幻冬舎文庫①〜⑨)を連載開始。その後、平成7年から「SAPIO」(小学館)に戦いの場を移し、『新・ゴーマニズム宣言』①〜⑮『ゴー宣・暫』①〜②を経て、現在は原点回帰して再び『ゴーマニズム宣言』を強力連載中(単行本は『ゴーマニズム宣言NEO』①〜②が発売中)。また平成22年から、「WiLL」(ワック出版)にて新たに『本家ゴーマニズム宣言』を連載開始。その他、『ゴーマニズム宣言』のスペシャル版として『差別論』『戦争論』『靖国論』『いわゆるA級戦犯』(以上幻冬舎)『台湾論』『沖縄論』『パール真論』『天皇論』(以上、小学館)などを発表し論争を巻き起こす。平成22年3月には満を持して『昭和天皇論』(幻冬舎)を発表した。

【構成】
時浦兼・岸端みな
（よしりん企画）

【作画】
広井英雄・時浦兼・岡田征司・宇都聡一
（よしりん企画）

【編集】

粕谷大介

ゴーマニズム宣言
PREMIUM
修身論

2010年7月15日　第1刷発行

【著者】

小林よしのり

【発行者】
石﨑 孟

【発行所】
株式会社 マガジンハウス
〒104-8003 東京都中央区銀座 3-13-10
電話：03-3545-7030（書籍編集部）
049-275-1811（受注センター）

【印刷・製本所】

図書印刷株式会社

©YOSHINORI KOBAYASHI, 2010
Printed in Japan　ISBN978-4-8387-2146-7　C0079

乱丁本、落丁本は小社出版営業部宛にお送りください。

送料小社負担でお取り替え致します。定価はカバーと帯に表示してあります。

マガジンハウス ウェブサイト http://www.magazineworld.jp/